KB061096

5

학령기 아동을 위한

단어인지 및 철자 프로그램

연습 워크북

Word Identification and Spelling Program for School-Age Children

김애화 · 김의정 공저

학지사

머리말

최근 교육 현장에는 그 어느 때보다 다양한 학습자가 존재하고 있다. 학업 성취에 큰 어려움이 없는 일반 학생을 비롯하여 학습에 어려움을 보이는 학습부진 학생, 학습 속도가 다른 또래 학생들에 비해 느린 현상을 보이는 느린 학습자, 한국어가 모국어가 아니거나 모국어로 습득하는 데 있어 어려움이 있는 다문화 가정 학생, 읽기, 쓰기, 수학 등 학습에 심각한 어려움을 보이는 학습장애 학생 등 다양한 학습적 요구를 보이는 학생들이 있다. 따라서 이러한 다양한 학습자의 학습적 요구를 파악하고 이에 따른 교육적 지원을 하는 것이 필요한 실정이다.

여러 학습 능력 중에서도 읽기 및 쓰기 능력은 모든 교과 학습에 필수적이고 나아가 성공적인 학업 성취를 위해 매우 중요하다고 할 수 있다. 이에 본 프로그램 개발자들은 앞서 언급한 다양한 학습자가 읽기 및 쓰기 능력을 갖추는 데 있어 기초가 되는 단어인지 및 철자에 초점을 둔 프로그램을 개발하였다. 단어인지 및 철자 프로그램의 주요 특징은 다음과 같다. 첫째, 받침이 없는 단어를 읽고 철자하는 것부터 시작하여 겹받침이 있는 단어를 읽고 철자하는 것까지 점진적으로 습득할 수 있도록 체계적으로 개발되었다. 둘째, 한 번 학습한 것에 그치는 것이 아니라 학습한 내용을 누적 연습할 수 있도록 연습 워크북(5권)을 추가로 제공하였다. 셋째, 국내외 선행연구를 통해 단어인지 및 철자 능력 향상에 효과적임이 검증된 증거기반 교수법(evidence-based instructional methods)을 적용하여 개발되었다.

따라서 본 프로그램을 방과 후 등 학교 내에서와, 학습종합클리닉센터, 개별 인지학습치료센터 등 학교 밖에서 단어인지 및 철자 능력 향상이 요구되는 초등학생을 포함한 학령기 학생을 지원하는 데 사용하기를 권장한다. 또한 필요에 따라 가정에서 자녀의 단어인지 및 철자 능력을 지도하기 위해 사용할 것을 권장한다. 본 프로그램 개발자들은 이 단어인지 및 철자 프로그램이 다양한 학습자의 요구에 적합한 학습 기회를 제공할 뿐만 아니라 이들의 단어인지 및 쓰기 능력 향상을 도모하는 데 중요한 자료로서의 역할을 할 것으로 기대한다.

무엇보다도 이 프로그램의 개발 과정에서 여러모로 도움을 준 단국대학교 일반대학원 특수교육학과 김지은 선생님과 출판 과정에서 도움을 주신 학지사 김진환 사장님, 박나리 선생님에게 감사드린다.

저자 일동

프로그램의 구성 및 활용 방법

1. 프로그램의 구성

이 프로그램은 전체 5권으로 구성되어 있다. 1권부터 4권은 3단계 단어인지 및 철자 지도 프로그램이며, 5권은 1~4권에서 학습한 내용을 누적 연습할 수 있는 추가 연습 워크북이다.

- '1단계' 받침 없는 단어인지 및 철자 프로그램(1권과 2권): 1권은 '기본 자음과 기본 모음으로 구성된 단어'를 정확하게 읽고 쓰는 것을 목표로 하는 20차시로 구성되어 있고, 2권은 '된소리 자음과 모음으로 구성된 단어'를 정확하게 읽고 쓰는 것을 목표로 하는 19차시로 구성되어 있다.
- '2단계' 홑받침 단어인지 및 철자 프로그램(3권): '대표음으로 발음되는 홑받침 단어'를 정확하게 읽고 쓰는 것을 목표로 하는 6차시와 '음운 변동이 적용되는 홑받침 단어'를 정확하게 읽고 쓰는 것을 목표로 하는 4차시로 구성되어 있다.
- '3단계' 겹받침 단어인지 및 철자 프로그램(4권): '대표음으로 발음되는 겹받침 단어'를 정확하게 읽고 쓰는 것을 목표로 하는 3차시와 '음운 변동이 적용되는 겹받침 단어'를 정확하게 읽고 쓰는 것을 목표로 하는 5차시로 구성되어 있다.
- 연습 워크북(5권): 1~4권에서 학습한 내용을 누적 연습할 수 있도록 각 단계별 누적 연습 문항을 제공한다.

2. 프로그램의 활용 방법

1~4권의 단어인지 및 철자 지도 프로그램은 각 차시별로 학습목표, 사전평가, 수업, 사후평가로 구성되어 있으며, 다음과 같이 활용할 수 있다.

- 학습목표 교수자는 학생과 함께 학습목표를 확인한다.
- 사전평가 교수자가 '정답지'에 제공된 사전평가 문항을 읽어 주고, 학생이 각 문항을 받아쓰도록 함으로써 학생의 현재 수행 수준을 파악한다.
- 수업 프로그램에서 제시된 순서에 따라 수업을 진행한다. 수업 진행에 필요한 낱자 카드 및 단어 카드는 〈별책부록〉에 제시되어 있으며, 가림판 및 용수철 등의 교수 · 학습 자료는 프로그램에 동봉된 것을 활용한다.
- 사후평가 수업 후 교수자가 '정답지'에 제공된 사후평가 문항을 읽어 주고, 학생이 각 문항을 받아쓰도록 함으로써 학습목표의 달성 여부를 파악한다. 사후평가 결과, 학생이 해당 차시 학습목표를 달성하지 못한 경우, 해당 차시 수업을 반복할 수 있다.

5권 연습 워크북은 각 단계에서 배운 단어들을 반복 · 누적 연습할 수 있도록 구성하였다. 교수자는 매 회기마다 약 10분간 연습 워크북을 활용하여 이미 배웠던 단어들을 반복 · 누적 연습할 수 있는 기회를 제공하는 것이 좋다.

1~4권에 적용된 교수 및 학습 전략에 대한 이론적 설명은 각 단계별 프로그램의 첫머리에 '일러두기'로 제시되어 있다.

차례

III. 겹받침 단어 및 철자 연습 워크북

I

받침 없는 단어 및 철자 연습 워크북

1. 기본 자음과 기본 모음으로 구성된 단어

누적 연습 1

〈보기〉의 글자를 읽어 봅시다. 그다음, 【 】 안의 글자들을 소리 내어 읽어 본 후, 〈보기〉의 글자와 같은 글자에 ○를 치세요.

1. 보기: 거 【 가, 구, 거, 기 】

2. 보기: 그 【 고, 구, 그, 가 】

〈보기〉의 단어를 읽어 봅시다. 그다음, 【 】 안의 단어들을 소리 내어 읽어 본 후, 〈보기〉의 단어와 같은 단어에 ○를 치세요.

3. 보기: 고기 【 고기, 가구, 거기, 고구마 】

〈보기〉에서 밑줄 친 부분에 들어갈 알맞은 단어를 찾아 쓰세요. 그다음, 쓴 단어를 가림판으로 가리고 기억하여 쓴 후, 맞게 썼는지 확인해 봅시다. 그리고 단어를 세 번 더 반복해서 써 봅시다.

보기

고기, 가구, 거기, 기구

	기억하여 쓰기	반복 쓰기	반복 쓰기	반복 쓰기
4. 나는 야채보다 ________를 더 좋아한다.				
5. 공원에 운동 ________가 있다.				
6. 이사한 집에 새 ________가 들어왔다.				
7. ________에 앉으세요!				

그림을 보고, 알맞은 단어를 써 보세요.

8.

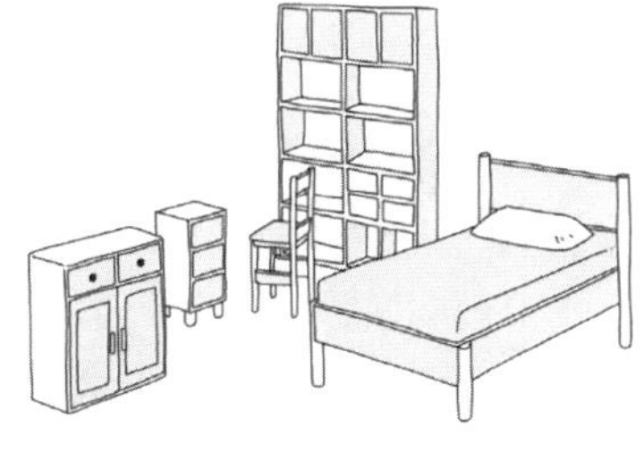

9.

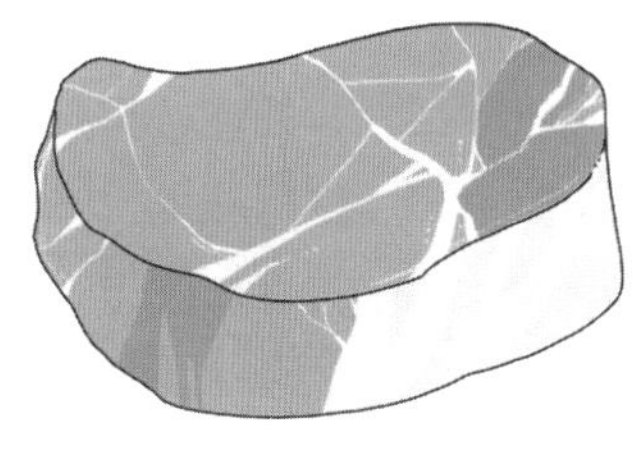

누적 연습 2

〈보기〉의 글자를 읽어 봅시다. 그다음, 【 】안의 글자들을 소리 내어 읽어 본 후, 〈보기〉의 글자와 같은 글자에 ○를 치세요.

1. 보기: 마 【 머, 미, 마, 무 】

2. 보기: 므 【 모, 마, 머, 므 】

〈보기〉의 단어를 읽어 봅시다. 그다음, 【 】안의 단어들을 소리 내어 읽어 본 후, 〈보기〉의 단어와 같은 단어에 ○를 치세요.

3. 보기: 모기 【 거미, 모기, 가마, 고모 】

〈보기〉에서 밑줄 친 부분에 들어갈 알맞은 단어를 찾아 쓰세요. 그다음, 쓴 단어를 가림판으로 가리고 기억하여 쓴 후, 맞게 썼는지 확인해 봅시다. 그리고 단어를 세 번 더 반복해서 써 봅시다.

보기

거미, 모기, 가마, 고모

	기억하여 쓰기	반복 쓰기	반복 쓰기	반복 쓰기
4. ______에 물린 데가 가렵다.				
5. ______가 줄을 타고 올라간다.				
6. 새색시가 ______를 타고 왔다.				
7. 나는 ______네 집에 놀러갔다.				

그림을 보고, 알맞은 단어를 써 보세요.

8.

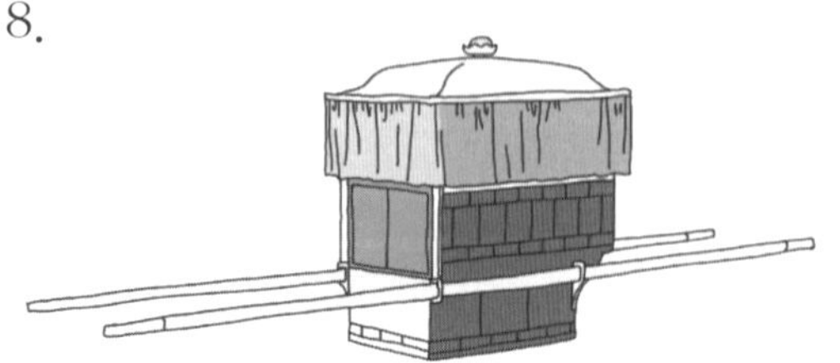

9.

누적 연습 3

〈보기〉의 글자를 읽어 봅시다. 그다음, 【 】 안의 글자들을 소리 내어 읽어 본 후, 〈보기〉의 글자와 같은 글자에 ○를 치세요.

1. 보기: 노 【나, 누, 노, 니】

2. 보기: 너 【너, 느, 나, 노】

〈보기〉의 단어를 읽어 봅시다. 그다음, 【 】 안의 단어들을 소리 내어 읽어 본 후, 〈보기〉의 단어와 같은 단어에 ○를 치세요.

3. 보기: 누나 【나무, 누나, 누가, 나누기】

〈보기〉에서 밑줄 친 부분에 들어갈 알맞은 단어를 찾아 쓰세요. 그다음, 쓴 단어를 가림판으로 가리고 기억하여 쓴 후, 맞게 썼는지 확인해 봅시다. 그리고 단어를 세 번 더 반복해서 써 봅시다.

보기: 나무, 누가, 나누기, 누나

	기억하여 쓰기	반복 쓰기	반복 쓰기	반복 쓰기
4. ______ 내 책을 가져갔을까?				
5. 나는 ______가 두 명이다.				
6. 9 ______ 3은 3이다.				
7. 나는 ______에 올라가는 것을 좋아한다.				

그림을 보고, 알맞은 단어를 써 보세요.

8.

9.

누적 연습 4

〈보기〉의 글자를 읽어 봅시다. 그다음, 【 】 안의 글자들을 소리 내어 읽어 본 후, 〈보기〉의 글자와 같은 글자에 ○를 치세요.

1. 보기: 로 【 라, 리, 로, 루 】

2. 보기: 러 【 로, 라, 러, 르 】

〈보기〉의 단어를 읽어 봅시다. 그다음, 【 】 안의 단어들을 소리 내어 읽어 본 후, 〈보기〉의 단어와 같은 단어에 ○를 치세요.

3. 보기: 로마 【 거리, 마루, 로마, 가르다 】

〈보기〉에서 밑줄 친 부분에 들어갈 알맞은 단어를 찾아 쓰세요. 그다음, 쓴 단어를 가림판으로 가리고 기억하여 쓴 후, 맞게 썼는지 확인해 봅시다. 그리고 단어를 세 번 더 반복해서 써 봅시다.

보기

가르다, 거리, 마루, 로마

	기억하여 쓰기	반복 쓰기	반복 쓰기	반복 쓰기
4. 남자편과 여자편을 ________.				
5. 이탈리아의 수도는 ________이다.				
6. 소파를 ________에 놓다.				
7. 길을 잃고 ________를 헤맸다.				

그림을 보고, 알맞은 단어를 써 보세요.

8.

9.

누적 연습 5

〈보기〉의 글자를 읽어 봅시다. 그다음, 【 】 안의 글자들을 소리 내어 읽어 본 후, 〈보기〉의 글자와 같은 글자에 ○를 치세요.

1. 보기: 디 【 다, 디, 도, 다 】

2. 보기: 두 【 다, 두, 더, 드 】

〈보기〉의 단어를 읽어 봅시다. 그다음, 【 】 안의 단어들을 소리 내어 읽어 본 후, 〈보기〉의 단어와 같은 단어에 ○를 치세요.

3. 보기: 다리미 【 더디다, 다시, 드라마, 다리미 】

〈보기〉에서 밑줄 친 부분에 들어갈 알맞은 단어를 찾아 쓰세요. 그다음, 쓴 단어를 가림판으로 가리고 기억하여 쓴 후, 맞게 썼는지 확인해 봅시다. 그리고 단어를 세 번 더 반복해서 써 봅시다.

보기: 드라마, 다시, 다리미, 더디다

	기억하여 쓰기	반복 쓰기	반복 쓰기	반복 쓰기
4. 엄마는 ______ 보는 것을 좋아하신다.				
5. 옷을 ______로 다렸다.				
6. 발걸음이 ______.				
7. 아기는 그쳤던 울음을 ______ 터뜨렸다.				

그림을 보고, 알맞은 단어를 써 보세요.

8.

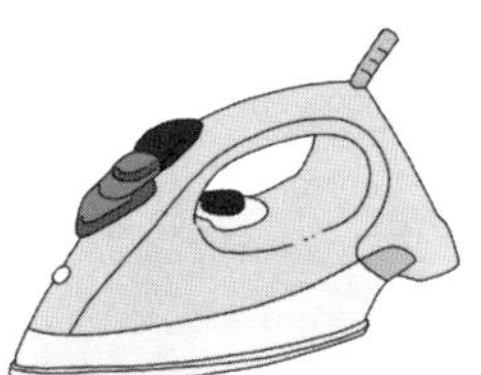

다 ☐ ☐

9.

드 ☐ ☐

누적 연습 6

〈보기〉의 글자를 읽어 봅시다. 그다음, 【 】 안의 글자들을 소리 내어 읽어 본 후, 〈보기〉의 글자와 같은 글자에 ○를 치세요.

1. 보기: 수 【 소, 사, 수, 시 】

2. 보기: 사 【 사, 수, 서, 스 】

〈보기〉의 단어를 읽어 봅시다. 그다음, 【 】 안의 단어들을 소리 내어 읽어 본 후, 〈보기〉의 단어와 같은 단어에 ○를 치세요.

3. 보기: 스무 【 스무, 시소, 소수, 사다리 】

〈보기〉에서 밑줄 친 부분에 들어갈 알맞은 단어를 찾아 쓰세요. 그다음, 쓴 단어를 가림판으로 가리고 기억하여 쓴 후, 맞게 썼는지 확인해 봅시다. 그리고 단어를 세 번 더 반복해서 써 봅시다.

보기

시소, 사다리, 소수, 스무

	기억하여 쓰기	반복 쓰기	반복 쓰기	반복 쓰기
4. 나는 ________ 타는 것을 좋아한다.				
5. 우리 누나는 ________ 살이다.				
6. ________ 를 타고 올라갔다.				
7. ________ 의 의견을 존중한다.				

그림을 보고, 알맞은 단어를 써 보세요.

8.

9.

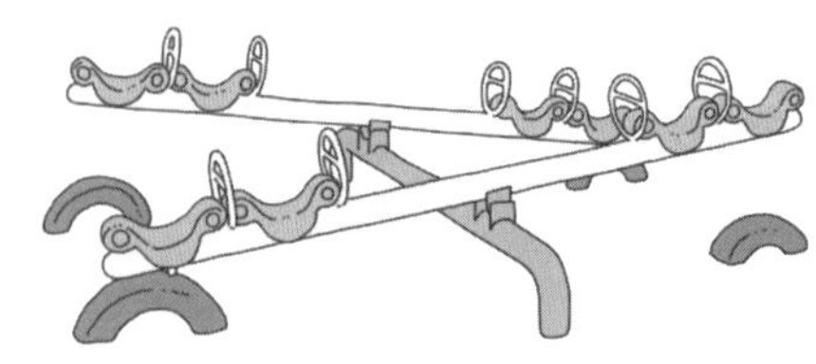

누적 연습 7

〈보기〉의 글자를 읽어 봅시다. 그다음, 【 】 안의 글자들을 소리 내어 읽어 본 후, 〈보기〉의 글자와 같은 글자에 ○를 치세요.

1. 보기: 아 【 오, 이, 아, 으 】

2. 보기: 오 【 어, 우, 아, 오 】

〈보기〉의 단어를 읽어 봅시다. 그다음, 【 】 안의 단어들을 소리 내어 읽어 본 후, 〈보기〉의 단어와 같은 단어에 ○를 치세요.

3. 보기: 우기다 【 오이, 이기다, 우기다, 어기다 】

〈보기〉에서 밑줄 친 부분에 들어갈 알맞은 단어를 찾아 쓰세요. 그다음, 쓴 단어를 가림판으로 가리고 기억하여 쓴 후, 맞게 썼는지 확인해 봅시다. 그리고 단어를 세 번 더 반복해서 써 봅시다.

보기: 이기다, 어기다, 오이, 우기다

	기억하여 쓰기	반복 쓰기	반복 쓰기	반복 쓰기
4. 자기가 맞다고 ________.				
5. 약속을 ________.				
6. 경기에서 ________.				
7. ________ 는 야채이다.				

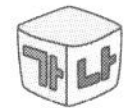 그림을 보고, 알맞은 단어를 써 보세요.

8.

9.

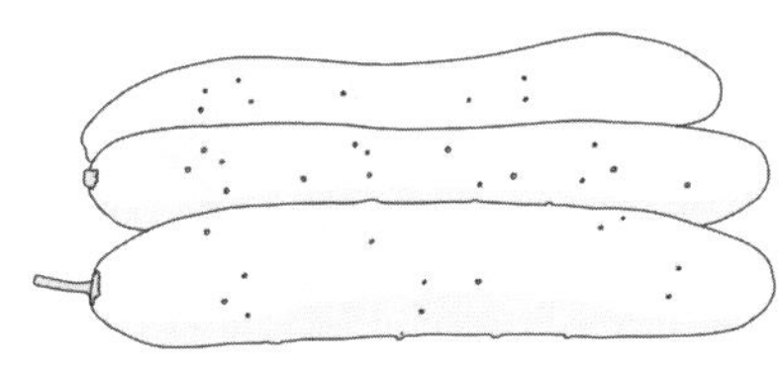

누적 연습 8

 〈보기〉의 글자를 읽어 봅시다. 그다음, 【 】 안의 글자들을 소리 내어 읽어 본 후, 〈보기〉의 글자와 같은 글자에 ○를 치세요.

1. 보기: 버 【 바, 비, 버, 보 】

2. 보기: 부 【 부, 비, 바, 보 】

 〈보기〉의 단어를 읽어 봅시다. 그다음, 【 】 안의 단어들을 소리 내어 읽어 본 후, 〈보기〉의 단어와 같은 단어에 ○를 치세요.

3. 보기: 비우다 【 누비다, 비우다, 바르다, 보도 】

 〈보기〉에서 밑줄 친 부분에 들어갈 알맞은 단어를 찾아 쓰세요. 그다음, 쓴 단어를 가림판으로 가리고 기억하여 쓴 후, 맞게 썼는지 확인해 봅시다. 그리고 단어를 세 번 더 반복해서 써 봅시다.

보기: 비비다, 보도, 누비다, 비우다

	기억하여 쓰기	반복 쓰기	반복 쓰기	반복 쓰기
4. 눈을 ______.				
5. 거리를 ______.				
6. 쓰레기통을 ______.				
7. 신문 ______를 읽다.				

그림을 보고, 알맞은 단어를 써 보세요.

8.

비

9.

비

누적 연습 9

〈보기〉의 글자를 읽어 봅시다. 그다음, 【 】 안의 글자들을 소리 내어 읽어 본 후, 〈보기〉의 글자와 같은 글자에 ○를 치세요.

1. 보기: 저 【자, 조, 저, 주】

2. 보기: 즈 【지, 즈, 저, 자】

〈보기〉의 단어를 읽어 봅시다. 그다음, 【 】 안의 단어들을 소리 내어 읽어 본 후, 〈보기〉의 단어와 같은 단어에 ○를 치세요.

3. 보기: 저지르다 【자주, 저고리, 저지르다, 주저주저】

〈보기〉에서 밑줄 친 부분에 들어갈 알맞은 단어를 찾아 쓰세요. 그다음, 쓴 단어를 가림판으로 가리고 기억하여 쓴 후, 맞게 썼는지 확인해 봅시다. 그리고 단어를 세 번 더 반복해서 써 봅시다.

보기: 저고리, 저지르다, 자주, 주저주저

	기억하여 쓰기	반복 쓰기	반복 쓰기	반복 쓰기
4. 잘못을 ______.				
5. 한복 ______를 입어 보았다.				
6. 나는 친구네 집에 ______ 놀러간다.				
7. 그는 한참을 생각하다가 ______ 말을 했다.				

그림을 보고, 알맞은 단어를 써 보세요.

8.

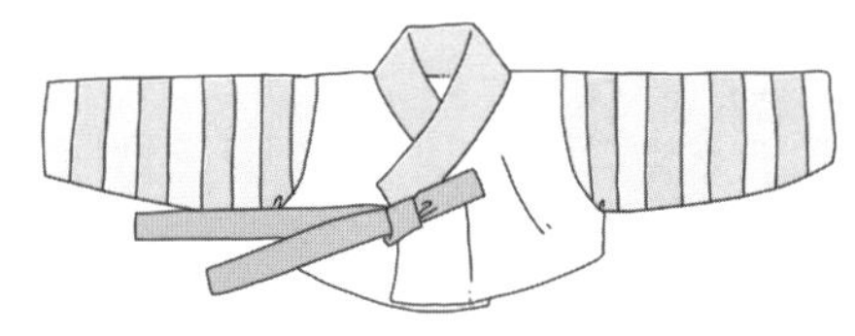

누적 연습 10

 〈보기〉의 글자를 읽어 봅시다. 그다음, 【 】 안의 글자들을 소리 내어 읽어 본 후, 〈보기〉의 글자와 같은 글자에 ○를 치세요.

1. 보기: 추 【 치, 처, 초, 추 】

2. 보기: 차 【 차, 츠, 초, 추 】

 〈보기〉의 단어를 읽어 봅시다. 그다음, 【 】 안의 단어들을 소리 내어 읽어 본 후, 〈보기〉의 단어와 같은 단어에 ○를 치세요.

3. 보기: 치즈 【 처리, 치즈, 초대, 차마 】

 〈보기〉에서 밑줄 친 부분에 들어갈 알맞은 단어를 찾아 쓰세요. 그다음, 쓴 단어를 가림판으로 가리고 기억하여 쓴 후, 맞게 썼는지 확인해 봅시다. 그리고 단어를 세 번 더 반복해서 써 봅시다.

보기

차도, 처리, 치즈, 초대

	기억하여 쓰기	반복 쓰기	반복 쓰기	반복 쓰기
4. 나는 친구의 생일 파티에 ______를 받았다.				
5. ______ 조심하고, 인도로 걸어라!				
6. 생쥐는 ______를 좋아한다.				
7. 교통사고 ______를 하느라 차가 막혔다.				

 그림을 보고, 알맞은 단어를 써 보세요.

8.

9.

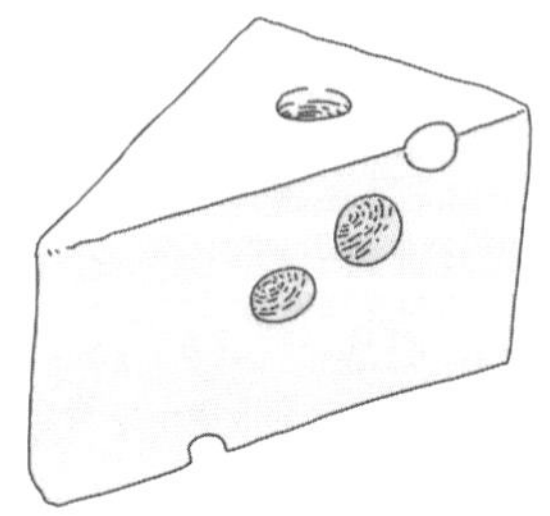

누적 연습 11

〈보기〉의 글자를 읽어 봅시다. 그다음, 【 】 안의 글자들을 소리 내어 읽어 본 후, 〈보기〉의 글자와 같은 글자에 ○를 치세요.

1. 보기: 코 【 커, 키, 코, 크 】

2. 보기: 키 【 카, 쿠, 키, 코 】

〈보기〉의 단어를 읽어 봅시다. 그다음, 【 】 안의 단어들을 소리 내어 읽어 본 후, 〈보기〉의 단어와 같은 단어에 ○를 치세요.

3. 보기: 코스모스 【 카드, 크리스마스, 커지다, 코스모스 】

〈보기〉에서 밑줄 친 부분에 들어갈 알맞은 단어를 찾아 쓰세요. 그다음, 쓴 단어를 가림판으로 가리고 기억하여 쓴 후, 맞게 썼는지 확인해 봅시다. 그리고 단어를 세 번 더 반복해서 써 봅시다.

보기: 카드, 크리스마스, 커지다, 코스모스

	기억하여 쓰기	반복 쓰기	반복 쓰기	반복 쓰기
4. 케이크를 먹은 앨리스의 몸이 ______.				
5. 엄마는 ______로 물건을 사셨다.				
6. 가을에는 ______가 핀다.				
7. 메리 ______!				

그림을 보고, 알맞은 단어를 써 보세요.

8.

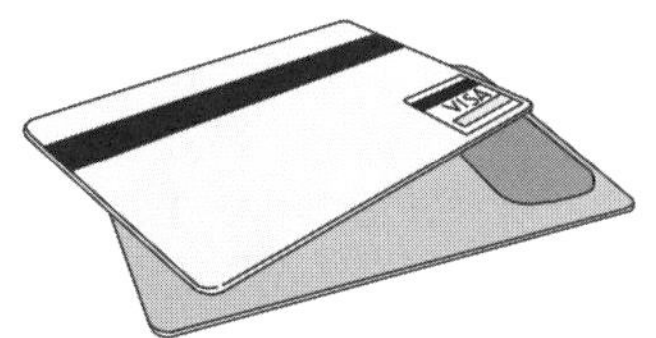

9.

코

누적 연습 12

〈보기〉의 글자를 읽어 봅시다. 그다음, 【 】 안의 글자들을 소리 내어 읽어 본 후, 〈보기〉의 글자와 같은 글자에 ○를 치세요.

1. 보기: 타 【 타, 토, 트, 티 】

2. 보기: 토 【 터, 투, 타, 토 】

〈보기〉의 단어를 읽어 봅시다. 그다음, 【 】 안의 단어들을 소리 내어 읽어 본 후, 〈보기〉의 단어와 같은 단어에 ○를 치세요.

3. 보기: 투표하다 【 토라지다, 타고나다, 터지다, 투표하다 】

〈보기〉에서 밑줄 친 부분에 들어갈 알맞은 단어를 찾아 쓰세요. 그다음, 쓴 단어를 가림판으로 가리고 기억하여 쓴 후, 맞게 썼는지 확인해 봅시다. 그리고 단어를 세 번 더 반복해서 써 봅시다.

보기

토라지다, 투표하다, 타고나다, 터지다

	기억하여 쓰기	반복 쓰기	반복 쓰기	반복 쓰기
4. 아름다운 목소리를 ________.				
5. 풍선이 ________.				
6. 사탕을 사 주지 않았다고 ________.				
7. 대통령 선거에 ________.				

그림을 보고, 알맞은 단어를 써 보세요.

8.

터

9.

투

누적 연습 13

〈보기〉의 글자를 읽어 봅시다. 그다음, 【 】 안의 글자들을 소리 내어 읽어 본 후, 〈보기〉의 글자와 같은 글자에 ○를 치세요.

1. 보기: 피 【퍼, 피, 포, 프】

2. 보기: 푸 【파, 푸, 피, 포】

〈보기〉의 단어를 읽어 봅시다. 그다음, 【 】 안의 단어들을 소리 내어 읽어 본 후, 〈보기〉의 단어와 같은 단어에 ○를 치세요.

3. 보기: 퍼지다 【푸다, 퍼지다, 포기하다, 프로】

〈보기〉에서 밑줄 친 부분에 들어갈 알맞은 단어를 찾아 쓰세요. 그다음, 쓴 단어를 가림판으로 가리고 기억하여 쓴 후, 맞게 썼는지 확인해 봅시다. 그리고 단어를 세 번 더 반복해서 써 봅시다.

보기: 포기하다, 푸다, 퍼지다, 프로

	기억하여 쓰기	반복 쓰기	반복 쓰기	반복 쓰기
4. 내가 제일 좋아하는 ____는 무한도전이다.				
5. 독이 온몸에 ________.				
6. 밥을 주걱으로 ________.				
7. 경기 출전을 ________.				

그림을 보고, 알맞은 단어를 써 보세요.

8.

누적 연습 14

〈보기〉의 글자를 읽어 봅시다. 그다음, 【 】 안의 글자들을 소리 내어 읽어 본 후, 〈보기〉의 글자와 같은 글자에 ○를 치세요.

1. 보기: 호 【 허, 히, 호, 하 】

2. 보기: 하 【 후, 흐, 하, 호 】

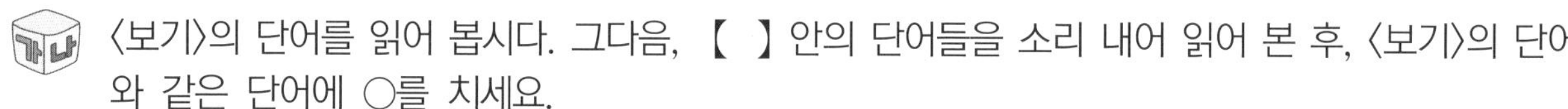

〈보기〉의 단어를 읽어 봅시다. 그다음, 【 】 안의 단어들을 소리 내어 읽어 본 후, 〈보기〉의 단어와 같은 단어에 ○를 치세요.

3. 보기: 흐르다 【 후비다, 호소하다, 흐르다, 하수도 】

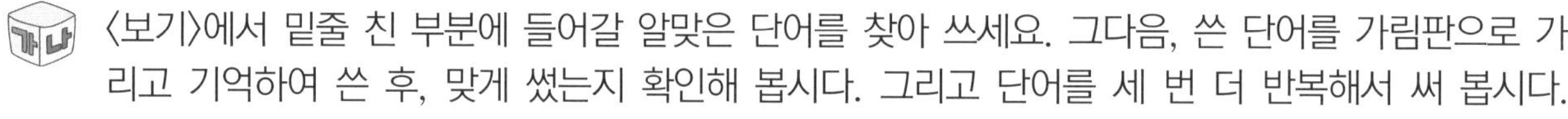

〈보기〉에서 밑줄 친 부분에 들어갈 알맞은 단어를 찾아 쓰세요. 그다음, 쓴 단어를 가림판으로 가리고 기억하여 쓴 후, 맞게 썼는지 확인해 봅시다. 그리고 단어를 세 번 더 반복해서 써 봅시다.

보기

후비다, 흐르다, 호소하다, 하수도

	기억하여 쓰기	반복 쓰기	반복 쓰기	반복 쓰기
4. 어디서 ________ 냄새가 난다.				
5. 억울함을 ________.				
6. 코를 ________.				
7. 시냇물이 졸졸 ________.				

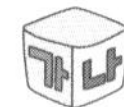

그림을 보고, 알맞은 단어를 써 보세요.

8.

후

9.

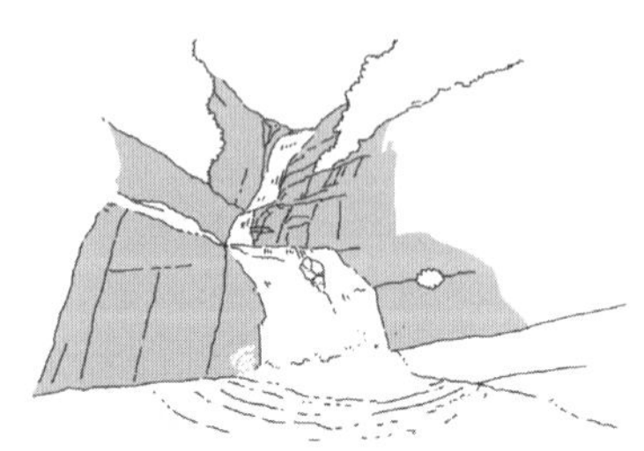

흐

I

받침 없는 단어 및 철자 연습 워크북

2. 된소리 자음과 모음으로 구성된 단어

누적 연습 1

빈칸에 알맞은 단어를 골라 적으세요.

1. ________로 김치를 담그다.

① 배추　　② 베추

2. 장난감을 사 달라고 ________.

① 때쓰다　　② 떼쓰다

〈보기〉에서 밑줄 친 부분에 들어갈 알맞은 단어를 찾아 쓰세요. 그다음, 쓴 단어를 가림판으로 가리고 기억하여 쓴 후, 맞게 썼는지 확인해 봅시다. 그리고 단어를 세 번 더 반복해서 써 봅시다.

보기

떼다, 모래, 꺼내다, 어저께

	기억하여 쓰기	반복 쓰기	반복 쓰기	반복 쓰기
3. 바닷가에 하얀 ________가 깔려 있다.				
4. 옷장에서 바지를 ________.				
5. 스티커를 ________.				
6. ________가 내 생일이었다.				

 그림을 보고, 알맞은 단어를 써 보세요.

7.

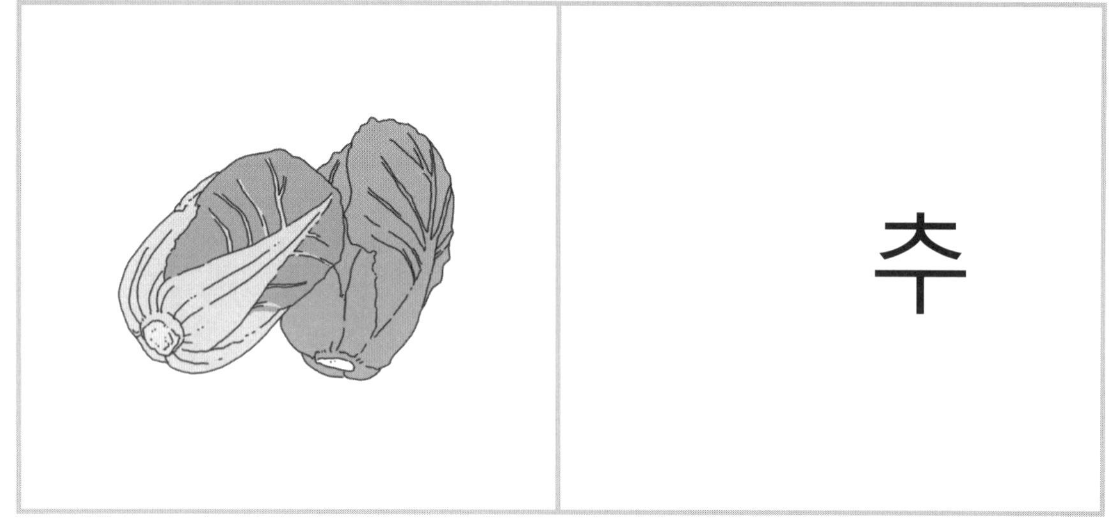

8.

9.

누적 연습 2

다음 문장에서 틀린 한 곳을 찾아 밑줄을 그은 후 고쳐 쓰세요.

1. 피아노를 베우다.

   (   )

2. 동생에게 모자를 씨우다.

   (   )

다음 문장에서 틀린 두 곳을 찾아 밑줄을 그은 후 고쳐 쓰세요.

3. 그는 며칠 동안 새수를 하지 않을 정도로 개으르다.

   (   ), (   )

4. TV 누스에서 여론 조사 대이터가 발표되었다.

   (   ), (   )

그림을 보고, 알맞은 단어를 써 보세요.

5.

6.

7.

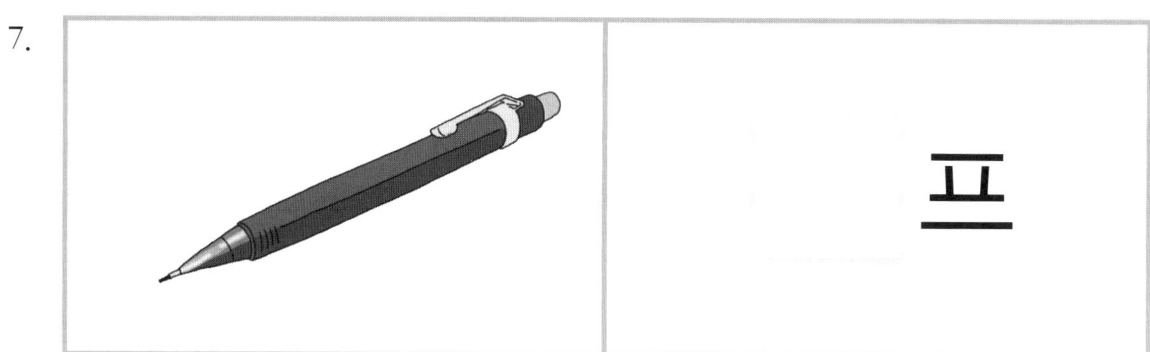

다음 문장들의 단어에 알맞은 낱자를 써 넣은 후, 문장을 소리 내어 읽어 봅시다.

8. 그는 유명한 ㅂ 우이다.

9. 장난감 주문이 ㅅ 도하다.

10. 주방 ㅅ 제를 샀다.

11. 지갑에 지 ㅍ 를 넣었다.

위에서 완성한 단어들을 같은 낱자로 시작되는 단어끼리 분류하여 알맞은 칸에 써 봅시다. 그다음, 같은 낱자로 시작되는 단어별로 소리 내어 읽어 봅시다.

ㅂ	ㅅ	ㅈ

누적 연습 3

빈칸에 알맞은 단어를 골라 적으세요.

1. 머리 모양이 ________.

① 바끼다 ② 바뀌다

2. ________가 가늘고 말랐다.

① 뼈대 ② 뻐대

<보기>에서 밑줄 친 부분에 들어갈 알맞은 단어를 찾아 쓰세요. 그다음, 쓴 단어를 가림판으로 가리고 기억하여 쓴 후, 맞게 썼는지 확인해 봅시다. 그리고 단어를 세 번 더 반복해서 써 봅시다.

보기

하얘지다, 짜내다, 데치다, 희미하다

	기억하여 쓰기	반복 쓰기	반복 쓰기	반복 쓰기
3. 상처에서 고름을 ________.				
4. 시금치를 살짝 ________.				
5. 너무 오래 되어서 기억이 ________.				
6. 너무 힘들어서 얼굴이 ________.				

 그림을 보고, 알맞은 단어를 써 보세요.

7.

8.

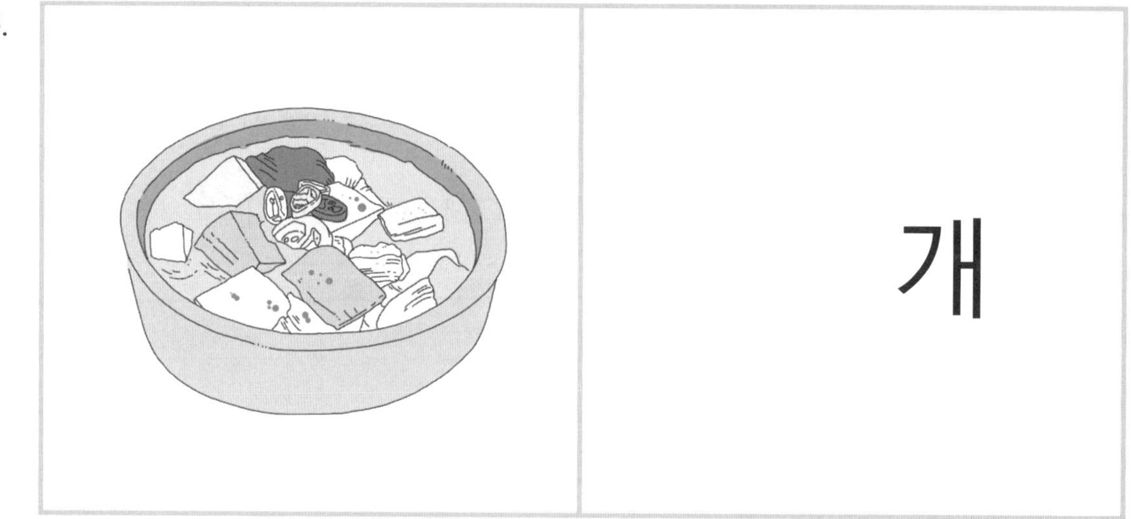

9.

누적 연습 4

다음 문장에서 틀린 한 곳을 찾아 밑줄을 그은 후 고쳐 쓰세요.

1. 전기 스이치를 끄다.

   (　　　　　　　　　　)

2. 음식에 조미로를 치다.

   (　　　　　　　　　　)

다음 문장에서 틀린 두 곳을 찾아 밑줄을 그은 후 고쳐 쓰세요.

3. 거짓말처럼 들리갰지만 꾸며 넨 이야기가 아니다.

   (　　　　　　　　　　), (　　　　　　　　　　)

4. 도다시 만난 친구들과 즐거운 시간을 보냈다.

   (　　　　　　　　　　), (　　　　　　　　　　)

그림을 보고, 알맞은 단어를 써 보세요.

5.

	과일 □ 채

6.

	누 □

7.

	샤

 다음 문장들의 단어에 알맞은 낱자를 써 넣은 후, 문장을 소리 내어 읽어 봅시다.

8. 나는 운동으로 ㅇ 가를 배운다.

9. 국군 아저 ㅣ 들께서 우리나라를 지켜 주신다.

10. 경기에 진 상대팀에게 ㅇ 로의 말을 건넸다.

11. 물방울 무 ㄴ 가 있는 원피스를 입었다.

 위에서 완성한 단어들을 같은 낱자로 시작되는 단어끼리 분류하여 알맞은 칸에 써 봅시다. 그다음, 같은 낱자로 시작되는 단어별로 소리 내어 읽어 봅시다.

ㅁ	ㅇ

누적 연습 5

빈칸에 알맞은 단어를 골라 적으세요.

1. ＿＿＿＿를 너무 많이 쓰지 말아라.

① 새제　　② 세재　　③ 세제

2. 아무도 살지 않는 ＿＿＿＿에서 이상한 소리가 났다.

① 폐가　　② 폐가　　③ 패가

〈보기〉에서 밑줄 친 부분에 들어갈 알맞은 단어를 찾아 쓰세요. 그다음, 쓴 단어를 가림판으로 가리고 기억하여 쓴 후, 맞게 썼는지 확인해 봅시다. 그리고 단어를 세 번 더 반복해서 써 봅시다.

보기

배다, 에너지, 왜소하다, 의류

	기억하여 쓰기	반복 쓰기	반복 쓰기	반복 쓰기
3. 우리집 고양이가 새끼를 ＿＿＿＿.				
4. 입지 않는 ＿＿＿＿를 가난한 사람들에게 나누어 주었다.				
5. 그는 깡마르고 ＿＿＿＿.				
6. ＿＿＿＿를 절약하기 위해 노력해야 한다.				

 그림을 보고, 알맞은 단어를 써 보세요.

7.

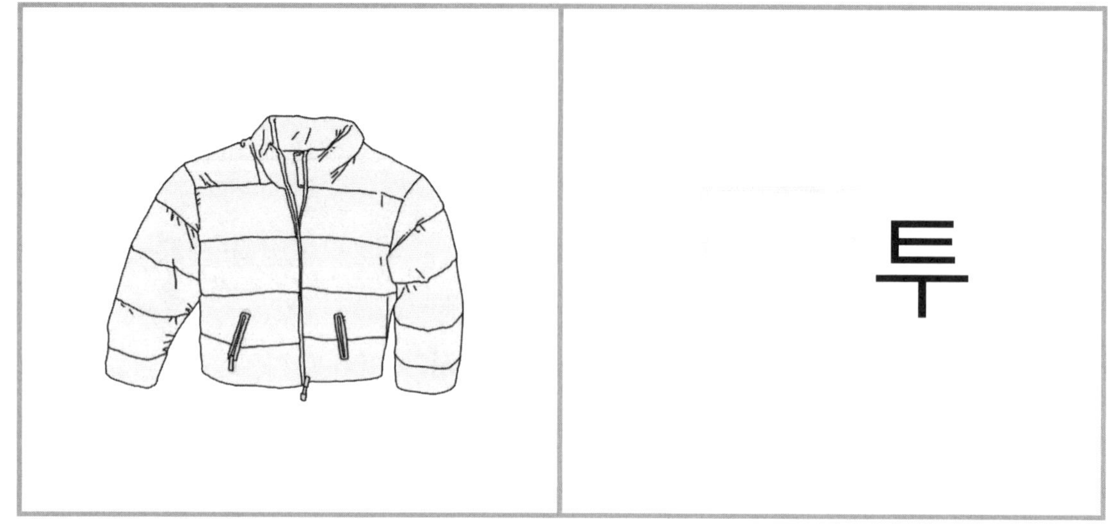

8.

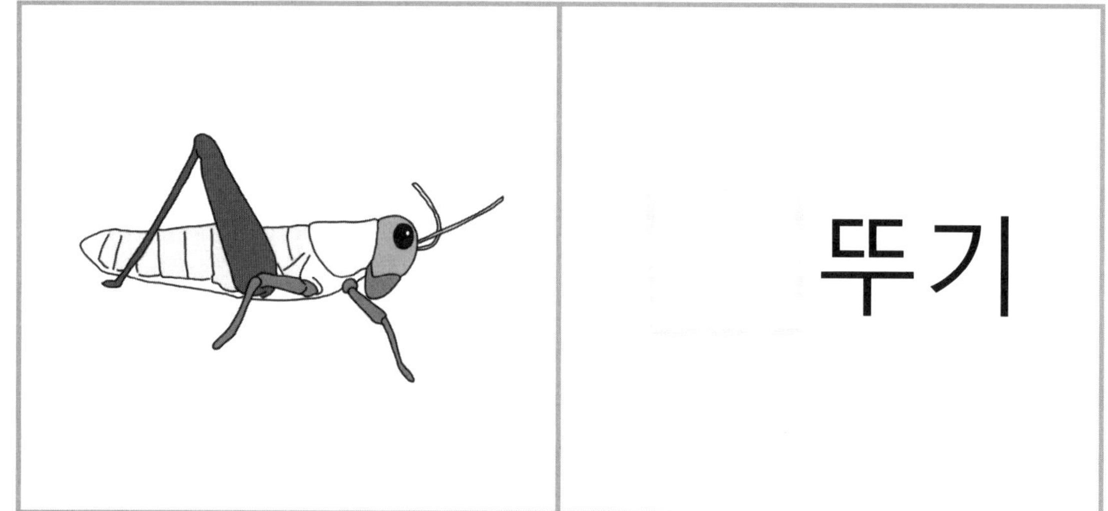

9.

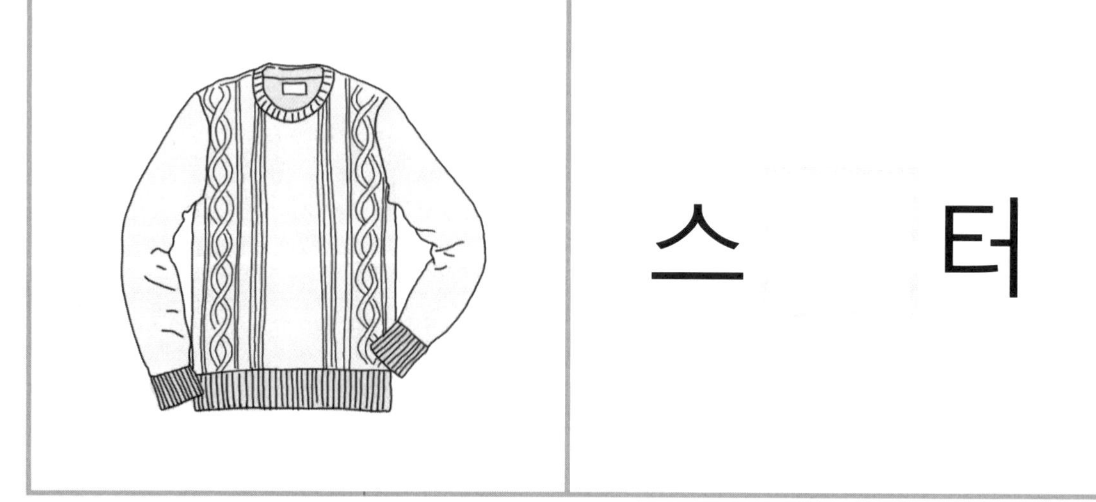

누적 연습 6

다음 문장에서 틀린 한 곳을 찾아 밑줄을 그은 후 고쳐 쓰세요.

1. 그는 혼잣말로 머라고 중얼거렸다.

( )

2. 드디어 휴데 전화가 생겼다.

( )

다음 문장에서 틀린 두 곳을 찾아 밑줄을 그은 후 고쳐 쓰세요.

3. 친구애게 주말에 무엇을 했었는지 애기한다.

( ), ( )

4. 우리는 환경을 보호헤야 할 으무를 지니고 있다.

( ), ( )

그림을 보고, 알맞은 단어를 써 보세요.

5.

병 ☐ 개

6.

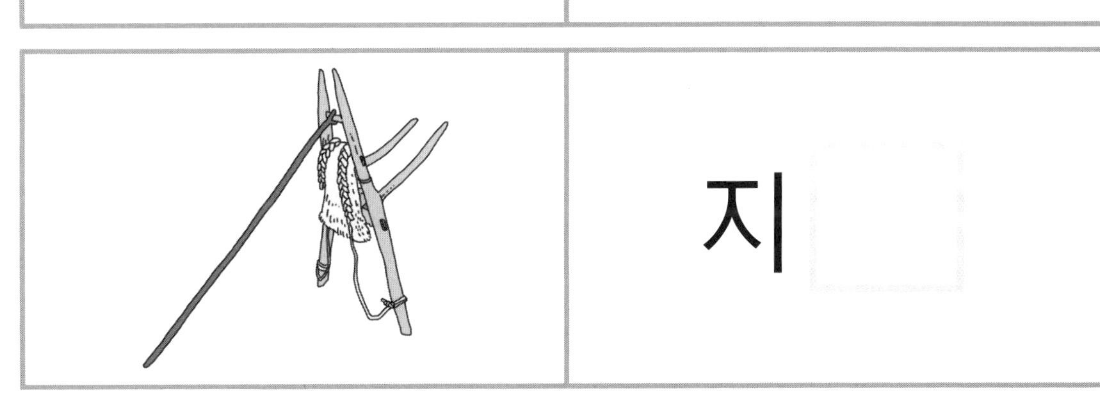

7. | 하스

다음 문장들의 단어에 알맞은 낱자를 써 넣은 후, 문장을 소리 내어 읽어 봅시다.

8. 너 ㅎ 는 모두 착한 학생이구나!

9. 내 가방이 어디 ㅇ 있는지 아세요?

10. 결혼식장을 가득 ㅁ 운 사람들

11. 개미 ㄸ 처럼 몰려든 사람들

위에서 완성한 단어들을 같은 낱자로 시작되는 단어끼리 분류하여 알맞은 칸에 써 봅시다. 그다음, 같은 낱자로 시작되는 단어별로 소리 내어 읽어 봅시다.

ㄴ	ㄸ	ㅁ	ㅇ

누적 연습 7

빈칸에 알맞은 단어를 골라 적으세요.

1. 그는 다행히 ________ 를 극복하였다.

① 위기　　② 의기

2. 나는 ________ 에서 졌다.

① 내기　　② 네기

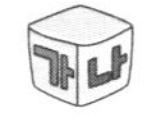

〈보기〉에서 밑줄 친 부분에 들어갈 알맞은 단어를 찾아 쓰세요. 그다음, 쓴 단어를 가림판으로 가리고 기억하여 쓴 후, 맞게 썼는지 확인해 봅시다. 그리고 단어를 세 번 더 반복해서 써 봅시다.

보기

의무, 서류, 자유, 예외

	기억하여 쓰기	반복 쓰기	반복 쓰기	반복 쓰기
3. 뉴욕에 있는 ________의 여신상을 보러 갔다.				
4. 법은 모두가 지켜야 한다. 누구도 ________가 될 수 없다.				
5. 나는 맡은 바 ________를 끝까지 다했다.				
6. 아빠는 ________ 봉투를 들고 계셨다.				

 그림을 보고, 알맞은 단어를 써 보세요.

7.

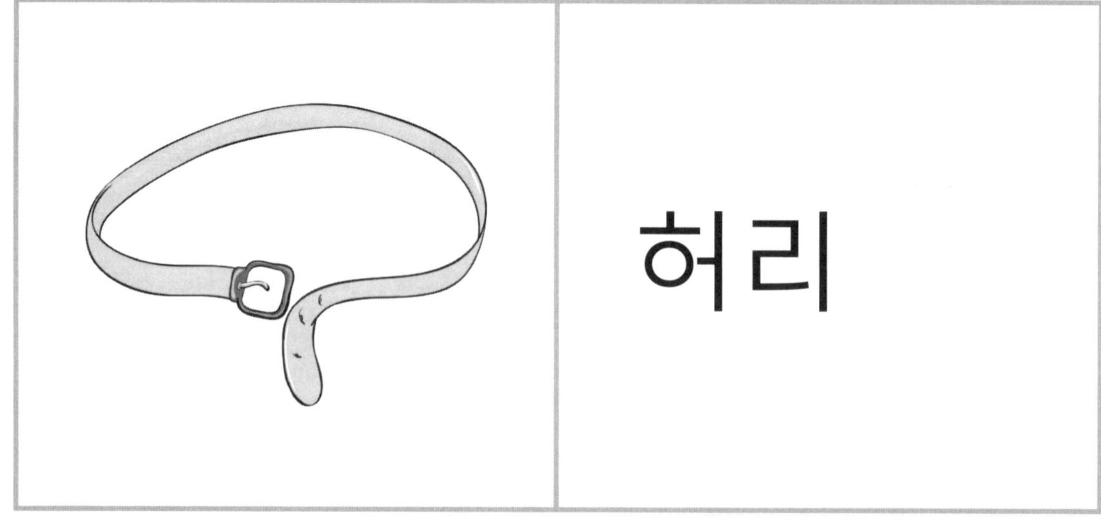

8.

9.

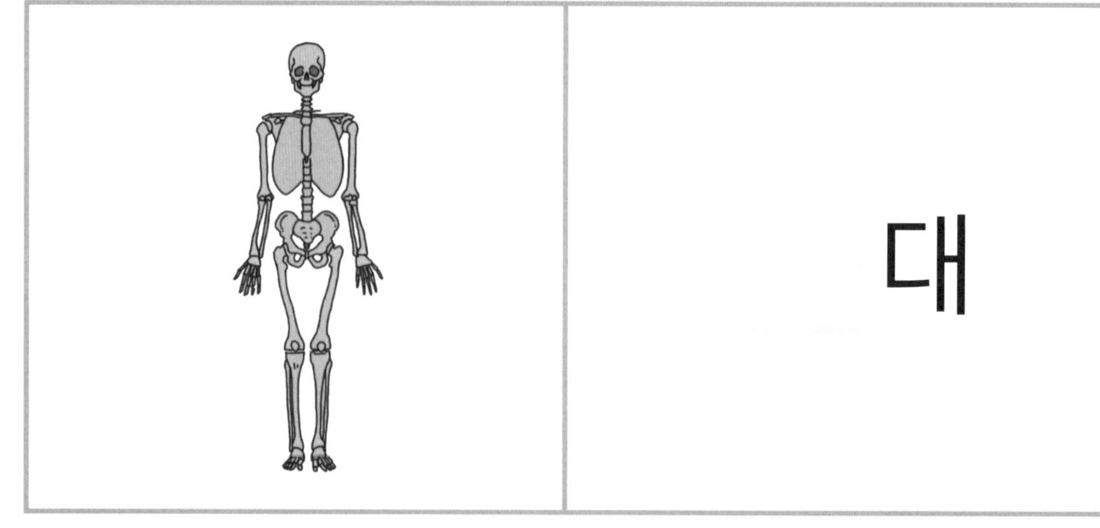

누적 연습 8

다음 문장에서 틀린 한 곳을 찾아 밑줄을 그은 후 고쳐 쓰세요.

1. 국이 따뜻하게 대워지다.

   (   )

2. 아저시가 짐을 들어 주셨다.

   (   )

다음 문장에서 틀린 두 곳을 찾아 밑줄을 그은 후 고쳐 쓰세요.

3. 게교 100주년 행사를 크개 했다.

   (   ), (   )

4. 페지를 제활용하다.

   (   ), (   )

그림을 보고, 알맞은 단어를 써 보세요.

5. 아저 □

6. □ 가리

7. | 자

다음 문장들의 단어에 알맞은 낱자를 써 넣은 후, 문장을 소리 내어 읽어 봅시다.

8. '야호' 하면 들려오는 ㅁ 아리

9. 치마에 예쁜 무 ㄴ 를 수놓다.

10. 길을 잃고 ㅎ 매다.

11. 산에서 ㅁ 뚜기를 잡았다.

위에서 완성한 단어들을 같은 낱자로 시작되는 단어끼리 분류하여 알맞은 칸에 써 봅시다. 그다음, 같은 낱자로 시작되는 단어별로 소리 내어 읽어 봅시다.

ㅁ	ㅎ

누적 연습 9

빈칸에 알맞은 단어를 골라 적으세요.

1. 기차는 자동차보다 ________.

   ① 바르다 ② 빠르다

2. 전기 ________를 끄다.

   ① 스의치 ② 스위치

〈보기〉에서 밑줄 친 부분에 들어갈 알맞은 단어를 찾아 쓰세요. 그다음, 쓴 단어를 가림판으로 가리고 기억하여 쓴 후, 맞게 썼는지 확인해 봅시다. 그리고 단어를 세 번 더 반복해서 써 봅시다.

보기

폐지, 새해, 그래야, 오페라

	기억하여 쓰기	반복 쓰기	반복 쓰기	반복 쓰기
3. 열심히 연습을 해라. ________ 피아노를 잘 칠 수 있다.				
4. 노예제도가 ________되었다.				
5. 밝아오는 ________.				
6. 나는 ________ 관람을 좋아한다.				

 그림을 보고, 알맞은 단어를 써 보세요.

7.

8.

9.

누적 연습 10

다음 문장에서 틀린 한 곳을 찾아 밑줄을 그은 후 고쳐 쓰세요.

1. 죽을 따뜻하게 대우다.

   (   )

2. 아이에게 모자를 씨우다.

   (   )

 그림을 보고, 알맞은 단어를 써 보세요.

3.

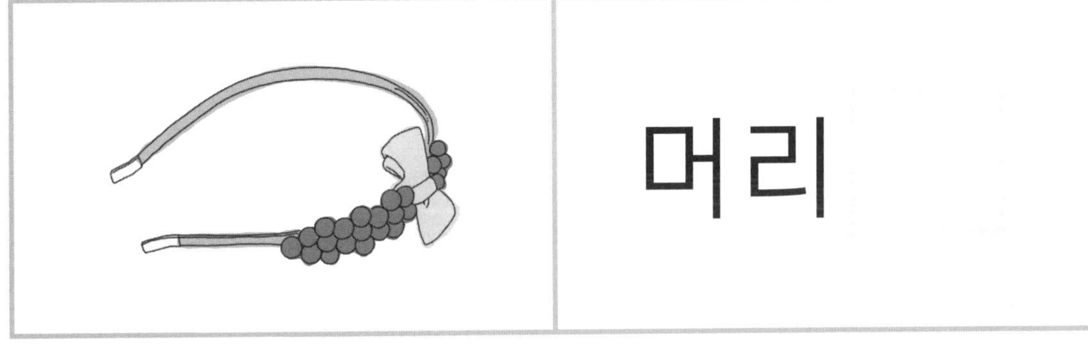

4.

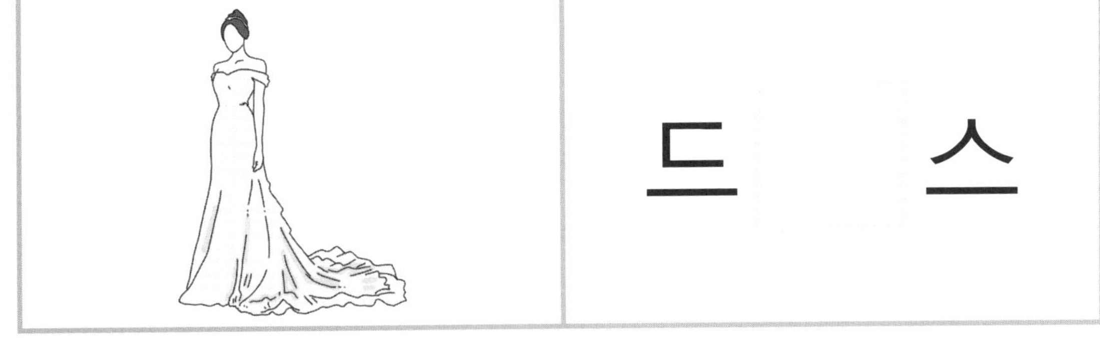

5.

다음 문장들의 단어에 알맞은 낱자를 써 넣은 후, 문장을 소리 내어 읽어 봅시다.

6. 남산 타 ㅇ 꼭대기에 올라갔다.

7. 친구들이 내 이야기를 들으려고 나를 에 ㅇ 싸다.

8. 마법에 걸린 왕자는 ㅇ 수로 변했다.

9. ㅃ 대가 가늘고 말랐다.

위에서 완성한 단어들을 같은 낱자로 시작되는 단어끼리 분류하여 알맞은 칸에 써 봅시다. 그다음, 같은 낱자로 시작되는 단어별로 소리 내어 읽어 봅시다.

ㅃ	ㅇ	ㅌ

누적 연습 11

빈칸에 알맞은 단어를 골라 적으세요.

1. 그는 ________가 바르다.

① 예으　　② 예의

2. 그는 매우 ________.

① 게으르다　　② 개으르다

<보기>에서 밑줄 친 부분에 들어갈 알맞은 단어를 찾아 쓰세요. 그다음, 쓴 단어를 가림판으로 가리고 기억하여 쓴 후, 맞게 썼는지 확인해 봅시다. 그리고 단어를 세 번 더 반복해서 써 봅시다.

보기

떼다, 모래, 꺼내다, 어저께

	기억하여 쓰기	반복 쓰기	반복 쓰기	반복 쓰기
3. 바닷가에 ________가 깔려 있다.				
4. 벽에 붙은 포스터를 ________.				
5. 서랍에서 바지를 ________.				
6. ________부터 계속 눈이 내린다.				

 그림을 보고, 알맞은 단어를 써 보세요.

7.

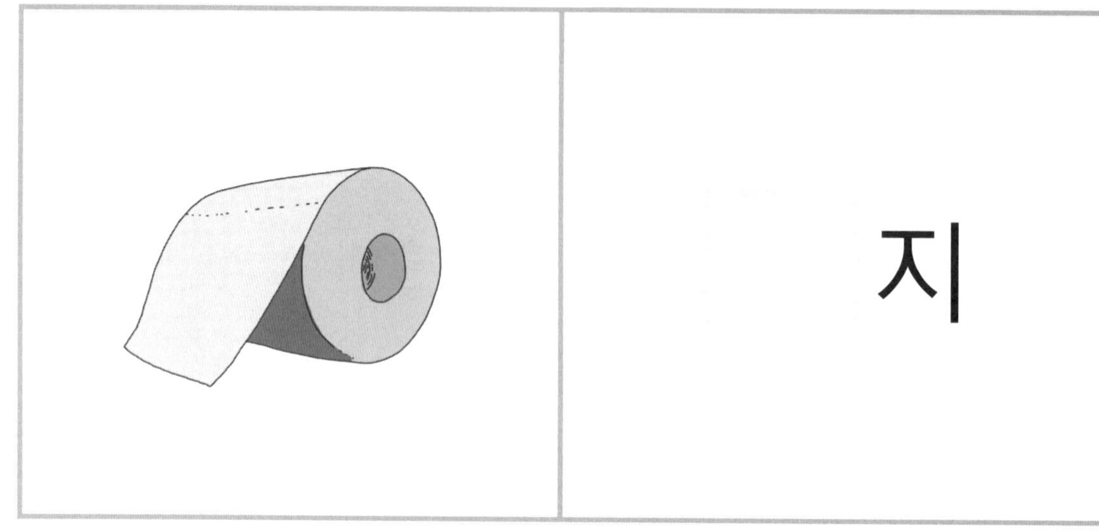

지

8.

개미

9.

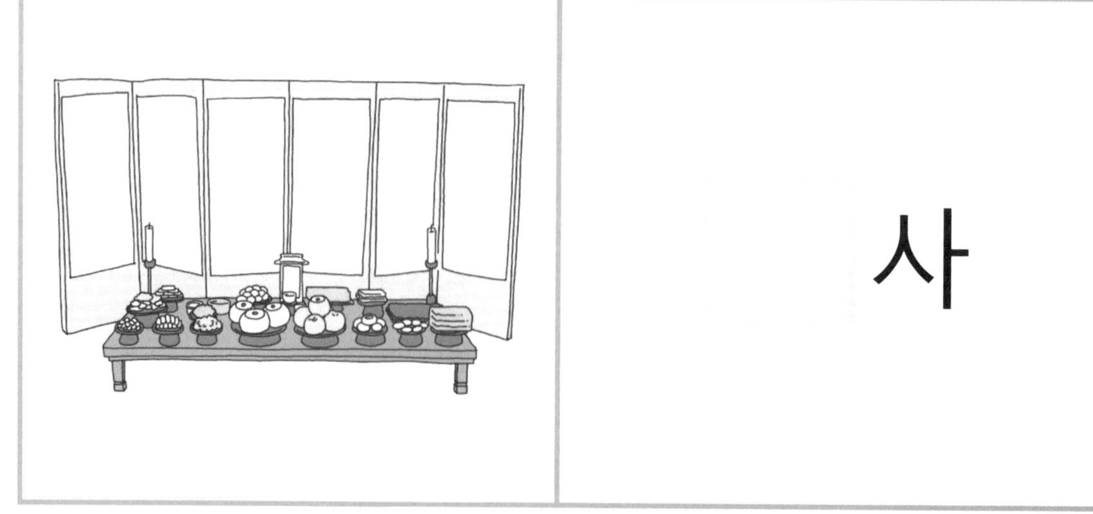

사

Ⅱ

홑받침 단어 및 철자 연습 워크북

1. 대표음으로 발음되는 홑받침 단어

누적 연습 1

빈칸에 알맞은 단어를 골라 적으세요.

1. 줄을 ________.

① 긋다 ② 긎다 ③ 긑다

2. 생선을 ________.

① 굽다 ② 궆다 ③ 궂다

〈보기〉에서 밑줄 친 부분에 들어갈 알맞은 단어를 찾아 쓰세요. 그다음, 쓴 단어를 가림판으로 가리고 기억하여 쓴 후, 맞게 썼는지 확인해 봅시다. 그리고 단어를 세 번 더 반복해서 써 봅시다.

보기

솟다, 묻다, 익다, 엮다

	기억하여 쓰기	반복 쓰기	반복 쓰기	반복 쓰기
3. 옷에 얼룩이 ________.				
4. 감이 맛있게 ________.				
5. 불길이 ________.				
6. 짚으로 바구니를 ________.				

누적 연습 2

다음 문장에서 틀린 한 곳을 찾아 밑줄을 그은 후 고쳐 쓰세요.

1. 물고기를 잛다.

   (   )

2. 벽돌로 집을 짖다.

   (   )

〈보기〉에서 밑줄 친 부분에 들어갈 알맞은 단어를 찾아 쓰세요. 그다음, 쓴 단어를 가림판으로 가리고 기억하여 쓴 후, 맞게 썼는지 확인해 봅시다. 그리고 단어를 세 번 더 반복해서 써 봅시다.

보기

붓다, 젓다, 뱉다, 돋다

	기억하여 쓰기	반복 쓰기	반복 쓰기	반복 쓰기
3. 씹던 껌을 ________.				
4. 노를 ________.				
5. 컵에 물을 ________.				
6. 새싹이 ________.				

누적 연습 3

 다음 문장들의 단어에 알맞은 받침을 적어 넣은 후, 문장을 소리 내어 읽어 봅시다.

1. 자석에 못이 부다.
2. 지구온난화를 마다.
3. 창문을 깨끗이 다다.
4. 옷을 버다.

 위에서 완성한 단어들을 받침에 따라 분류해 봅시다. 그다음, 받침별로 단어를 소리 내어 읽어 봅시다.

받침 ㄲ	
받침 ㄱ	
받침 ㅌ	
받침 ㅅ	

누적 연습 4

 〈보기〉에서 빈칸에 알맞은 단어를 골라 적으세요.

보기

잇다, 잊다

1. 약속을 .

2. 선을 .

 3. 다음 중 〈보기〉의 밑줄 친 단어와 같은 뜻으로 쓰인 단어를 찾으세요.

보기

울어서 눈이 붓다.

① 냄비에 물을 붓다.
② 밀가루를 붓다.
③ 모기에 쏘인 자리가 붓다.
④ 찬물을 몸에 붓다.

누적 연습 5

빈칸에 알맞은 단어를 골라 적으세요.

1. 껌을 ________.

① 씷다 ② 씹다 ③ 십다

2. 문을 ________.

① 닽다 ② 닫다 ③ 닿다

〈보기〉에서 밑줄 친 부분에 들어갈 알맞은 단어를 찾아 쓰세요. 그다음, 쓴 단어를 가림판으로 가리고 기억하여 쓴 후, 맞게 썼는지 확인해 봅시다. 그리고 단어를 세 번 더 반복해서 써 봅시다.

보기

깎다, 맡다, 쫓다, 꼽다

	기억하여 쓰기	반복 쓰기	반복 쓰기	반복 쓰기
3. 학급 회장을 ________.				
4. 참외는 상주참외를 제일로 ________.				
5. 고양이가 쥐를 ________.				
6. 사과 껍질을 ________.				

누적 연습 6

다음 문장에서 틀린 한 곳을 찾아 밑줄을 그은 후 고쳐 쓰세요.

1. 유리창을 깨끗이 닥다.

   (   )

2. 색종이를 젒다.

   (   )

〈보기〉에서 밑줄 친 부분에 들어갈 알맞은 단어를 찾아 쓰세요. 그다음, 쓴 단어를 가림판으로 가리고 기억하여 쓴 후, 맞게 썼는지 확인해 봅시다. 그리고 단어를 세 번 더 반복해서 써 봅시다.

보기

찢다, 긋다, 빗다, 묶다

	기억하여 쓰기	반복 쓰기	반복 쓰기	반복 쓰기
3. 자를 대고 선을 똑바로 ________.				
4. 머리를 가지런히 ________.				
5. 종이를 잘게 ________.				
6. 신발 끈을 ________.				

누적 연습 7

 다음 문장들의 단어에 알맞은 받침을 적어 넣은 후, 문장을 소리 내어 읽어 봅시다.

1. 약을 먹고 병이 나다.
2. 뜨거운 국이 시다.
3. 강물이 기다.
4. 떨어진 연필을 지다.

 위에서 완성한 단어들을 받침에 따라 분류해 봅시다. 그다음, 받침별로 단어를 소리 내어 읽어 봅시다.

받침 ㄱ	
받침 ㅂ	
받침 ㅅ	
받침 ㅍ	

누적 연습 8

 〈보기〉에서 빈칸에 알맞은 단어를 골라 적으세요.

보기

잊다, 있다

1. 언니는 집에 ____________.

2. 오래전 읽었던 책 제목을 ____________.

3. 다음 중 〈보기〉의 밑줄 친 단어와 같은 뜻으로 쓰인 단어를 찾으세요.

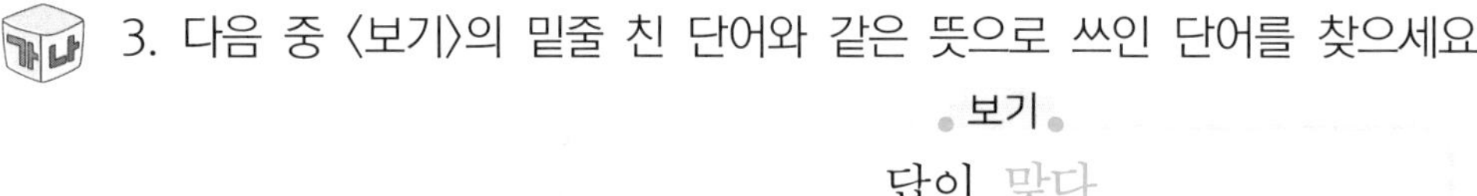

보기

답이 맞다.

① 네 말이 맞다.
② 손님을 맞다.
③ 주사를 맞다.
④ 비를 맞다.

누적 연습 9

빈칸에 알맞은 단어를 골라 적으세요.

1. 큰 어려움을 ________.

① 겪다 ② 겪다 ③ 꺾다

2. 보물을 ________.

① 찾다 ② 찾다 ③ 챴다

〈보기〉에서 밑줄 친 부분에 들어갈 알맞은 단어를 찾아 쓰세요. 그다음, 쓴 단어를 가림판으로 가리고 기억하여 쓴 후, 맞게 썼는지 확인해 봅시다. 그리고 단어를 세 번 더 반복해서 써 봅시다.

보기

같다, 붙다, 잇다, 싶다

	기억하여 쓰기	반복 쓰기	반복 쓰기	반복 쓰기
3. 끊어졌던 줄을 ________.				
4. 내 사촌은 나와 나이가 ________.				
5. 아이스크림이 먹고 ________.				
6. 자석에 클립이 ________.				

누적 연습 10

다음 문장에서 틀린 <u>한 곳</u>을 찾아 밑줄을 그은 후 고쳐 쓰세요.

1. 물고기를 낙다.

   (   )

2. 내가 틀리고, 네가 맛다.

   (   )

〈보기〉에서 밑줄 친 부분에 들어갈 알맞은 단어를 찾아 쓰세요. 그다음, 쓴 단어를 가림판으로 가리고 기억하여 쓴 후, 맞게 썼는지 확인해 봅시다. 그리고 단어를 세 번 더 반복해서 써 봅시다.

보기

젖다, 엮다, 짚다, 녹다

	기억하여 쓰기	반복 쓰기	반복 쓰기	반복 쓰기
3. 지팡이를 ________.				
4. 구슬을 ________.				
5. 비에 옷이 ________.				
6. 날이 더워 아이스크림이 ________.				

누적 연습 11

 다음 문장들의 단어에 알맞은 받침을 적어 넣은 후, 문장을 소리 내어 읽어 봅시다.

1. 냄비에 물을 부다.
2. 밥을 머다.
3. 공을 던지고 바다.
4. 머리를 무다.

 위에서 완성한 단어들을 받침에 따라 분류해 봅시다. 그다음, 받침별로 단어를 소리 내어 읽어 봅시다.

받침 ㄱ	
받침 ㄲ	
받침 ㄷ	
받침 ㅅ	

누적 연습 12

 〈보기〉에서 빈칸에 알맞은 단어를 골라 적으세요.

보기

빚다, 빗다

1. 머리를 .

2. 도자기를 .

 3. 다음 중 〈보기〉의 밑줄 친 단어와 같은 뜻으로 쓰인 단어를 찾으세요.

보기

차가 다리 난간을 받다.

① 생일선물을 받다.
② 귀여움을 받다.
③ 세뱃돈을 받다.
④ 소가 머리로 기둥을 받다.

누적 연습 13

빈칸에 알맞은 단어를 골라 적으세요.

1. 동생은 집에 ________.

① 있다 ② 잇다 ③ 잊다

2. 공을 던지고 ________.

① 뱉다 ② 밪다 ③ 받다

〈보기〉에서 밑줄 친 부분에 들어갈 알맞은 단어를 찾아 쓰세요. 그다음, 쓴 단어를 가림판으로 가리고 기억하여 쓴 후, 맞게 썼는지 확인해 봅시다. 그리고 단어를 세 번 더 반복해서 써 봅시다.

보기

빗다, 돕다, 막다, 깁다

	기억하여 쓰기	반복 쓰기	반복 쓰기	반복 쓰기
3. 적의 공격을 ________.				
4. 청소를 ________.				
5. 흙으로 도자기를 ________.				
6. 구멍 난 바지를 ________.				

누적 연습 14

 다음 문장에서 틀린 한 곳을 찾아 밑줄을 그은 후 고쳐 쓰세요.

1. 내가 어리다고 얃보다.

( )

2. 경찰이 도둑을 쫒다.

( )

〈보기〉에서 밑줄 친 부분에 들어갈 알맞은 단어를 찾아 쓰세요. 그다음, 쓴 단어를 가림판으로 가리고 기억하여 쓴 후, 맞게 썼는지 확인해 봅시다. 그리고 단어를 세 번 더 반복해서 써 봅시다.

보기

묵다, 갚다, 쉽다, 찍다

	기억하여 쓰기	반복 쓰기	반복 쓰기	반복 쓰기
3. 사진을 ______.				
4. 시험 문제가 ______.				
5. 빌렸던 돈을 ______.				
6. 손님이 우리 집에서 ______.				

누적 연습 15

 다음 문장들의 단어에 알맞은 받침을 적어 넣은 후, 문장을 소리 내어 읽어 봅시다.

1. 야채를 보다.
2. 물에 꿀을 넣고 저다.
3. 고기가 이다.
4. 꽃을 꽃병에 꼬다.

 위에서 완성한 단어들을 받침에 따라 분류해 봅시다. 그다음, 받침별로 단어를 소리 내어 읽어 봅시다.

받침 ㄱ	
받침 ㄲ	
받침 ㅅ	
받침 ㅈ	

누적 연습 16

 〈보기〉에서 빈칸에 알맞은 단어를 골라 적으세요.

보기

붙다, 붓다

1. 물을 　　　　　　　　.

2. 신발에 흙이 잔뜩 　　　　　　　　.

 3. 다음 중 〈보기〉의 밑줄 친 단어와 같은 뜻으로 쓰인 단어를 찾으세요.

보기

꽃향기를 맡다.

① 커피 냄새를 맡다.
② 학급 회장을 맡다.
③ 배달을 맡다.
④ 짐 가방을 맡다.

Ⅱ

홑받침 단어 및 철자 연습 워크북

2. 음운 변동이 적용되는 홑받침 단어

1) 홑받침 연음

누적 연습 1

빈칸에 알맞은 단어를 골라 적으세요.

1. 비가 많이 오고 날씨가 ________ 당장 떠날 수 없다.

① 굳어서 ② 궂어서 ③ 궃어서 ④ 궅어서

2. 의자가 너무 ________ 허리가 아프다.

① 낫아서 ② 났아서 ③ 낮아서 ④ 낯아서

앞글자 받침과 뒷글자 'ㅇ'에 ○를 치고, 둘을 화살표로 이으면서, 앞글자 받침을 'ㅇ' 자리에 옮겨 넣어 읽어 보세요.

접 음	접 었 다	접 어 서
굳 음	굳 었 다	굳 어 서
털 음	털 었 다	털 어 서

누적 연습 2

다음 문장에서 틀린 한 곳을 찾아 밑줄을 그은 후 고쳐 쓰세요.

1. 도서실에 가서 친구 자리를 맞아 주었다.

   (   )

다음 문장에서 틀린 두 곳을 찾아 밑줄을 그은 후 고쳐 쓰세요.

2. 컵을 씼은 후 선반에 업어 놓았다.

   (   ), (   )

3. 꽂 한 묶음을 선물로 바닸다.

   (   ), (   )

<보기>에서 밑줄 친 부분에 들어갈 알맞은 단어를 찾아 쓰세요. 그다음, 쓴 단어를 가림판으로 가리고 기억하여 쓴 후, 맞게 썼는지 확인해 봅시다. 그리고 단어를 세 번 더 반복해서 써 봅시다.

보기

찢었다, 뱉었다, 헐었다, 식었다

	기억하여 쓰기	반복 쓰기	반복 쓰기	반복 쓰기
4. 너무 피곤해서 입안이 ______.				
5. 색종이를 ______.				
6. 커피가 ______.				
7. 껌을 씹다가 ______.				

누적 연습 3

 다음 문장들의 단어에 알맞은 받침을 적어 넣은 후, 문장을 소리 내어 읽어 봅시다.

1. 풀을 뜨음
2. 침을 뱌음
3. 냄새를 마음
4. 새싹이 도음

 위에서 완성한 단어들을 같은 받침을 가진 단어끼리 분류하여 알맞은 칸에 써 봅시다. 그다음, 받침별로 단어를 소리 내어 읽어 봅시다.

받침 ㄷ	받침 ㅌ

누적 연습 4

빈칸에 알맞은 단어를 골라 적으세요.

1. 밀가루 반죽이 딱딱하게 ________.

① 궂었다 ② 굳었다 ③ 긋었다 ④ 굳었다

2. 감기가 완전히 ________.

① 낫다 ② 낮다 ③ 났다 ④ 낱다

앞글자 받침과 뒷글자 'ㅇ'에 ○를 치고, 둘을 화살표로 이으면서, 앞글자 받침을 'ㅇ' 자리에 옮겨 넣어 읽어 보세요.

꼽 음	꼽 았 다	꼽 아 서
익 음	익 었 다	익 어 서
뱉 음	뱉 었 다	뱉 어 서

누적 연습 5

다음 문장에서 틀린 한 곳을 찾아 밑줄을 그은 후 고쳐 쓰세요.

1. 그는 껌을 씲었다.

   (   )

2. 흙을 빗어서 도자기를 만들다.

   (   )

다음 문장에서 틀린 두 곳을 찾아 밑줄을 그은 후 고쳐 쓰세요.

3. 컵을 씼은 후 선반에 업어 놓았다.

   (   ), (   )

4. 꽃 한 묶음을 선물로 밭았다.

   (   ), (   )

〈보기〉에서 밑줄 친 부분에 들어갈 알맞은 단어를 찾아 쓰세요. 그다음, 쓴 단어를 가림판으로 가리고 기억하여 쓴 후, 맞게 썼는지 확인해 봅시다. 그리고 단어를 세 번 더 반복해서 써 봅시다.

보기

높아서, 약아서, 쫓아서, 얼어서

	기억하여 쓰기	반복 쓰기	반복 쓰기	반복 쓰기
5. 물이 ________ 썰매를 탔다.				
6. 그는 ________ 어려운 일을 잘 피한다.				
7. 나무가 ________ 올라가기 힘들다				
8. 개가 고양이를 ________ 달려갔다.				

누적 연습 6

다음 문장들의 단어에 알맞은 받침을 적어 넣은 후, 문장을 소리 내어 읽어 봅시다.

1. 돈을 가음
2. 지팡이를 지음
3. 색종이를 저음
4. 젓가락으로 음식을 지음

위에서 완성한 단어들을 같은 받침을 가진 단어끼리 분류하여 알맞은 칸에 써 봅시다. 그다음, 받침별로 단어를 소리 내어 읽어 봅시다.

받침 ㅂ	받침 ㅍ

누적 연습 7

빈칸에 알맞은 단어를 골라 적으세요.

1. 언니보다 동생이 인물이 더 ________.

   ① 낫다　　② 났다　　③ 낪다　　④ 낮다

2. 화가 난 아버지는 아들을 밖으로 ________.

   ① 내쫓았다　　② 내쫒았다　　③ 내쪼ퟹ았다　　④ 내좇았다

다음 단어의 어간(변하지 않는 글자)에 ○를 치면서 단어를 읽어 보세요.

참 음	참 았 다	참 아 서
굽 음	굽 었 다	굽 어 서
작 음	작 았 다	작 아 서

누적 연습 8

다음 문장에서 틀린 한 곳을 찾아 밑줄을 그은 후 고쳐 쓰세요.

1. 선물 포장을 뜯었다.

( )

2. 벽에 못을 밖았다.

( )

다음 문장에서 틀린 두 곳을 찾아 밑줄을 그은 후 고쳐 쓰세요.

3. 늦게 일어나서 서두른 나머지 준비물을 이저버렸다.

( ), ( )

4. 큰 도시에는 놉히 솟은 빌딩이 많다.

( ), ( )

〈보기〉에서 밑줄 친 부분에 들어갈 알맞은 단어를 찾아 쓰세요. 그다음, 쓴 단어를 가림판으로 가리고 기억하여 쓴 후, 맞게 썼는지 확인해 봅시다. 그리고 단어를 세 번 더 반복해서 써 봅시다.

보기

얼었다, 얻었다, 싶었다, 접었다

	기억하여 쓰기	반복 쓰기	반복 쓰기	반복 쓰기
5. 색종이로 배를 ______.				
6. 옆집에서 책상을 ______.				
7. 커서 선생님이 되고 ______.				
8. 날씨가 추워서 물이 ______.				

누적 연습 9

다음 문장들의 단어에 알맞은 받침을 적어 넣은 후, 문장을 소리 내어 읽어 봅시다.

1. 물고기를 나음
2. 머리를 무음
3. 벽에 못을 바음
4. 적의 침입을 마음

위에서 완성한 단어들을 같은 받침을 가진 단어끼리 분류하여 알맞은 칸에 써 봅시다. 그다음, 받침별로 단어를 소리 내어 읽어 봅시다.

받침 ㄱ	받침 ㄲ

누적 연습 10

빈칸에 알맞은 단어를 골라 적으세요.

1. 며칠간 무리했더니 결국 병이 ________.

① 낫다 ② 낮다 ③ 났다 ④ 낱다

2. 물에 빠져서 옷이 ________.

① 젖었다 ② 젓었다 ③ 젙었다 ④ 졌었다

앞글자 받침과 뒷글자 'ㅇ'에 ○를 치고, 둘을 화살표로 이으면서, 앞글자 받침을 'ㅇ' 자리에 옮겨 넣어 읽어 보세요.

곧 음	곧 았 다	곧 아 서
적 음	적 었 다	적 어 서
남 음	남 았 다	남 아 서

누적 연습 11

다음 문장에서 틀린 한 곳을 찾아 밑줄을 그은 후 고쳐 쓰세요.

1. 졸름운전을 하지 않도록 조심해야 한다.

   (　　　　　　　　　　)

2. 너무 피곤해서 입안이 헐렀다.

   (　　　　　　　　　　)

다음 문장에서 틀린 두 곳을 찾아 밑줄을 그은 후 고쳐 쓰세요.

3. 늦잠을 자는 바람에 학교에 느졌다.

   (　　　　　　　　　　), (　　　　　　　　　　)

4. 그가 돌아온다고 굳게 밎었다.

   (　　　　　　　　　　), (　　　　　　　　　　)

〈보기〉에서 밑줄 친 부분에 들어갈 알맞은 단어를 찾아 쓰세요. 그다음, 쓴 단어를 가림판으로 가리고 기억하여 쓴 후, 맞게 썼는지 확인해 봅시다. 그리고 단어를 세 번 더 반복해서 써 봅시다.

보기

궂음, 익음, 집음, 잊음

	기억하여 쓰기	반복 쓰기	반복 쓰기	반복 쓰기
5. 감이 맛있게 ________.				
6. 젓가락으로 음식을 ________.				
7. 약속을 깜빡 ________.				
8. 비가 많이 오고 날씨가 ________.				

누적 연습 12

 다음 문장들의 단어에 알맞은 받침을 적어 넣은 후, 문장을 소리 내어 읽어 봅시다.

1. 구슬을 여어서 목걸이를 만들었다.
2. 깨를 보아서 음식을 만들었다.
3. 사진을 찌어서 앨범을 만들었다.
4. 감이 잘 이어서 맛있다.

 위에서 완성한 단어들을 같은 받침을 가진 단어끼리 분류하여 알맞은 칸에 써 봅시다. 그다음, 받침별로 단어를 소리 내어 읽어 봅시다.

받침 ㄱ	받침 ㄲ

누적 연습 13

 빈칸에 알맞은 단어를 골라 적으세요.

1. 꽃을 꽃병에 ________ 탁자를 꾸몄다.

   ① 꽂아서 ② 꽃아서 ③ 꼿아서 ④ 끝아서

2. 공사 중이어서 길을 ________.

   ① 막움 ② 마금 ③ 마음 ④ 막음

다음 단어의 어간(변하지 않는 글자)에 ○를 치면서 단어를 읽어 보세요.

속 음	속 았 다	속 아 서
깊 음	깊 었 다	깊 어 서
찢 음	찢 었 다	찢 어 서

누적 연습 14

다음 문장에서 틀린 한 곳을 찾아 밑줄을 그은 후 고쳐 쓰세요.

1. 옛날에는 긴 줄을 바다에 떨어뜨려 바다의 깊히를 쟀다.

   (　　　　　　　　　　)

2. 그는 상당히 야가서 어려운 일을 잘 피한다.

   (　　　　　　　　　　)

다음 문장에서 틀린 두 곳을 찾아 밑줄을 그은 후 고쳐 쓰세요.

3. 친구가 약속을 잇어버려서 한 시가늘 길에서 기다렸다.

   (　　　　　　　　　　), (　　　　　　　　　　)

4. 과일을 깨끗이 씨서서 선반 위에 올려놓았다.

   (　　　　　　　　　　), (　　　　　　　　　　)

〈보기〉에서 밑줄 친 부분에 들어갈 알맞은 단어를 찾아 쓰세요. 그다음, 쓴 단어를 가림판으로 가리고 기억하여 쓴 후, 맞게 썼는지 확인해 봅시다. 그리고 단어를 세 번 더 반복해서 써 봅시다.

보기

궂음, 잊음, 집음, 같음

	기억하여 쓰기	반복 쓰기	반복 쓰기	반복 쓰기
5. 젓가락으로 음식을 ________.				
6. 약속을 깜박 ________.				
7. 비가 많이 오고 날씨가 ________.				
8. 우리는 나이가 서로 ________.				

누적 연습 15

 다음 문장들의 단어에 알맞은 받침을 적어 넣은 후, 문장을 소리 내어 읽어 봅시다.

1. 누나의 우음
2. 의심하지 않는 굳은 미음
3. 샘물이 소음
4. 머리를 가지런히 비음

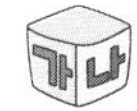 위에서 완성한 단어들을 같은 받침을 가진 단어끼리 분류하여 알맞은 칸에 써 봅시다. 그다음, 받침별로 단어를 소리 내어 읽어 봅시다.

	받침 ㄷ	받침 ㅅ
-음		

누적 연습 16

빈칸에 알맞은 단어를 골라 적으세요.

1. 호랑이는 은혜를 원수로 ________.

① 갚았다 ② 갑았다 ③ 갚팠다 ④ 갑팠다

2. 머리카락에 밥풀이 ________.

① 붙텄다 ② 붙었다 ③ 부쳤다 ④ 부텄다

앞글자 받침과 뒷글자 'ㅇ'에 ○를 치고, 둘을 화살표로 이으면서, 앞글자 받침을 'ㅇ' 자리에 옮겨 넣어 읽어 보세요.

입 음	입 었 다	입 어 서
물 음	물 었 다	물 어 서
식 음	식 었 다	식 어 서

누적 연습 17

다음 문장에서 틀린 한 곳을 찾아 밑줄을 그은 후 고쳐 쓰세요.

1. 멋진 사진을 쮜었다.

   (   )

2. 그녀의 지갑을 뺏어서 달아놨다.

   (   )

다음 문장에서 틀린 두 곳을 찾아 밑줄을 그은 후 고쳐 쓰세요.

3. 껌을 씨버서 책상 미테 붙여 놓았다.

   (   ), (   )

4. 동생의 거짓말에 속아서 엄마의 심부름을 잊어버렸다.

   (   ), (   )

〈보기〉에서 밑줄 친 부분에 들어갈 알맞은 단어를 찾아 쓰세요. 그다음, 쓴 단어를 가림판으로 가리고 기억하여 쓴 후, 맞게 썼는지 확인해 봅시다. 그리고 단어를 세 번 더 반복해서 써 봅시다.

보기

꼽음, 솟음, 곧음, 속음

	기억하여 쓰기	반복 쓰기	반복 쓰기	반복 쓰기
5. 빌딩이 높이 ________.				
6. 그의 우는 모습에 깜빡 ________.				
7. 마음이 착하고 ________.				
8. 최고의 영화로 ________.				

누적 연습 18

다음 문장들의 단어에 알맞은 받침을 적어 넣은 후, 문장을 소리 내어 읽어 봅시다.

1. 학교에 느음
2. 머리에 핀을 꼬음
3. 왕비가 백설공주를 내쪼음
4. 따라잡기 위해 빨리 쪼아감

위에서 완성한 단어들을 같은 받침을 가진 단어끼리 분류하여 알맞은 칸에 써 봅시다. 그다음, 받침별로 단어를 소리 내어 읽어 봅시다.

받침 ㅈ	받침 ㅊ

누적 연습 19

 빈칸에 알맞은 단어를 골라 적으세요.

1. 봄이 와서 얼음이 ________.

① 노갔다 ② 녹았다 ③ 녹갔다 ④ 눅았다

2. 머리를 ________ 정리하였다.

① 빗어서 ② 빚어서 ③ 빛어서 ④ 빘어서

 다음 단어의 어간(변하지 않는 글자)에 ○를 치면서 단어를 읽어 보세요.

빗음	빗었다	빗어서
내쫓음	내쫓았다	내쫓아서
녹음	녹았다	녹아서

누적 연습 20

다음 문장에서 틀린 한 곳을 찾아 밑줄을 그은 후 고쳐 쓰세요.

1. 도서실에 가서 친구 자리를 맞아 주었다.

   (　　　　　　　　　　)

2. 피곤해서 입안이 허렀다.

   (　　　　　　　　　　)

다음 문장에서 틀린 두 곳을 찾아 밑줄을 그은 후 고쳐 쓰세요.

3. 외투를 벚어서 침대에 올려노았다.

   (　　　　　　　　　　), (　　　　　　　　　　)

4. 맛있는 냄새를 맏아서 배가 더 고팟다.

   (　　　　　　　　　　), (　　　　　　　　　　)

〈보기〉에서 밑줄 친 부분에 들어갈 알맞은 단어를 찾아 쓰세요. 그다음, 쓴 단어를 가림판으로 가리고 기억하여 쓴 후, 맞게 썼는지 확인해 봅시다. 그리고 단어를 세 번 더 반복해서 써 봅시다.

보기

굳었다, 물었다, 품었다, 쫓았다

	기억하여 쓰기	반복 쓰기	반복 쓰기	반복 쓰기
5. 시멘트가 단단하게 ______.				
6. 어미 닭이 알을 ______.				
7. 한참 헤매다 길을 ______.				
8. 개가 고양이를 ______.				

누적 연습 21

 다음 문장들의 단어에 알맞은 받침을 적어 넣은 후, 문장을 소리 내어 읽어 봅시다.

1. 종이를 찌어서 뿌리다.
2. 친구를 쪼아서 달려갔다.
3. 지점토를 비어서 만들었다.

 위에서 완성한 단어들을 같은 받침을 가진 단어끼리 분류하여 알맞은 칸에 써 봅시다. 그다음, 받침별로 단어를 소리 내어 읽어 봅시다.

받침 ㅈ	받침 ㅊ

누적 연습 22

빈칸에 알맞은 단어를 골라 적으세요.

1. ________ 시골길을 지나 할머니댁에 도착했다.

① 구분　② 굶은　③ 굽은　④ 굽분

2. 약을 먹고 푹 쉬었더니 감기가 완전히 ________.

① 낫다　② 낮다　③ 났다　④ 날다

앞글자 받침과 뒷글자 'ㅇ'에 ○를 치고, 둘을 화살표로 이으면서, 앞글자 받침을 'ㅇ' 자리에 옮겨 넣어 읽어 보세요.

약 음	약 았 다	약 아 서
얼 음	얼 었 다	얼 어 서
받 음	받 았 다	받 아 서

누적 연습 23

다음 문장에서 틀린 한 곳을 찾아 밑줄을 그은 후 고쳐 쓰세요.

1. 옷에 부터 있는 상표

   (   )

2. 손가락으로 꿇으며 기다림

   (   )

다음 문장에서 틀린 두 곳을 찾아 밑줄을 그은 후 고쳐 쓰세요.

3. 어미 새가 먹이를 꼭꼭 씹어 새끼에게 먹였다.

   (   ), (   )

4. 거실에 액자를 걸기 위해 못을 밖았다.

   (   ), (   )

〈보기〉에서 밑줄 친 부분에 들어갈 알맞은 단어를 찾아 쓰세요. 그다음, 쓴 단어를 가림판으로 가리고 기억하여 쓴 후, 맞게 썼는지 확인해 봅시다. 그리고 단어를 세 번 더 반복해서 써 봅시다.

보기

남은, 젖은, 굽은, 깊은

	기억하여 쓰기	반복 쓰기	반복 쓰기	반복 쓰기
5. ____ 허리를 꼿꼿하게 세우다.				
6. ________ 밥으로 누룽지를 만들었다.				
7. 비에 ________ 옷을 벗었다.				
8. ____ 물에서 수영할 때는 조심해야 한다.				

누적 연습 24

다음 문장들의 단어에 알맞은 받침을 적어 넣은 후, 문장을 소리 내어 읽어 봅시다.

1. 의자가 나음
2. 껌을 씹다가 배음
3. 비가 와서 옷이 저음
4. 간식을 준비해 오는 역할을 마음

위에서 완성한 단어들을 같은 받침을 가진 단어끼리 분류하여 알맞은 칸에 써 봅시다. 그다음, 받침별로 단어를 소리 내어 읽어 봅시다.

받침 ㅈ	받침 ㅌ

누적 연습 25

빈칸에 알맞은 단어를 골라 적으세요.

1. 음식을 바로 먹지 않아 딱딱하게 ________.

   ① 궂었다　② 굳었다　③ 궃었다　④ 굳었다

2. 사거리에서 사고가 나서 잠시 통행을 ________.

   ① 막움　② 마금　③ 마음　④ 막음

앞글자 받침과 뒷글자 'ㅇ'에 ○를 치고, 둘을 화살표로 이으면서, 앞글자 받침을 'ㅇ' 자리에 옮겨 넣어 읽어 보세요.

엮 음	엮 었 다	엮 어 서
숨 음	숨 었 다	숨 어 서
씹 음	씹 었 다	씹 어 서

누적 연습 26

다음 문장에서 틀린 한 곳을 찾아 밑줄을 그은 후 고쳐 쓰세요.

1. 버스가 끊겨 근처 숙소에서 하룻밤 묶음

   (   )

2. 비를 맞아 감기에 걸렸다.

   (   )

다음 문장에서 틀린 두 곳을 찾아 밑줄을 그은 후 고쳐 쓰세요.

3. 친구가 조아서 그의 말을 끝까지 밑었다.

   (   ), (   )

4. 휴일을 맞아 오랜만에 늦잠을 잤다.

   (   ), (   )

〈보기〉에서 밑줄 친 부분에 들어갈 알맞은 단어를 찾아 쓰세요. 그다음, 쓴 단어를 가림판으로 가리고 기억하여 쓴 후, 맞게 썼는지 확인해 봅시다. 그리고 단어를 세 번 더 반복해서 써 봅시다.

보기

먹었다, 믿었다, 맞았다, 뱉었다

	기억하여 쓰기	반복 쓰기	반복 쓰기	반복 쓰기
5. 그의 말을 ________.				
6. 껌을 씹다가 ________.				
7. 저녁으로 불고기를 ________.				
8. 손님을 반갑게 ________.				

누적 연습 27

 다음 문장들의 단어에 알맞은 받침을 적어 넣은 후, 문장을 소리 내어 읽어 봅시다.

1. 노력 끝에 결실을 매었다.
2. 그가 돌아온다고 굳게 미었다.
3. 텃밭에서 상추를 뜨었다.
4. 비가 오고 날씨가 구었다.

 위에서 완성한 단어들을 같은 받침을 가진 단어끼리 분류하여 알맞은 칸에 써 봅시다. 그다음, 받침별로 단어를 소리 내어 읽어 봅시다.

받침 ㄷ	받침 ㅈ

누적 연습 28

다음 문장에서 틀린 한 곳을 찾아 밑줄을 그은 후 고쳐 쓰세요.

1. 수영장에 물이 너무 기펴 놀랐다.

   (   )

2. 봉투를 뜯어서 내용을 살펴보았다.

   (   )

다음 문장에서 틀린 두 곳을 찾아 밑줄을 그은 후 고쳐 쓰세요.

3. 생일선물을 밫아서 기분이 조았다.

   (   ), (   )

4. 손을 깨끗이 씼은 후 간식을 먹거야 한다.

   (   ), (   )

〈보기〉에서 밑줄 친 부분에 들어갈 알맞은 단어를 찾아 쓰세요. 그다음, 쓴 단어를 가림판으로 가리고 기억하여 쓴 후, 맞게 썼는지 확인해 봅시다. 그리고 단어를 세 번 더 반복해서 써 봅시다.

보기

뻗어서, 남아서, 입어서, 같아서

	기억하여 쓰기	반복 쓰기	반복 쓰기	반복 쓰기
5. 우리 학교는 교복을 ________ 좋다.				
6. 이 나무는 뿌리가 잘 ________ 튼튼하다.				
7. 나는 그와 나이가 ________ 잘 어울렸다.				
8. 오늘 장사는 이익이 ________ 기쁘다.				

누적 연습 29

 다음 문장들의 단어에 알맞은 받침을 적어 넣은 후, 문장을 소리 내어 읽어 봅시다.

1. 그녀의 지갑을 빼어서 달아났다.
2. 손을 뻐어서 그를 붙잡았다.
3. 선물을 바아서 기분이 좋았다.
4. 너무 우어서 배가 아프다.

 위에서 완성한 단어들을 같은 받침을 가진 단어끼리 분류하여 알맞은 칸에 써 봅시다. 그다음, 받침별로 단어를 소리 내어 읽어 봅시다.

받침 ㄷ	받침 ㅅ

누적 연습 30

 다음 문장들의 단어에 알맞은 받침을 적어 넣은 후, 문장을 소리 내어 읽어 봅시다.

1. 머리카락에 밥풀이 부어서 잘 떨어지지 않는다.
2. 약속을 이어서 약속 장소에 나가지 못했다.
3. 내가 쓴 답이 마아서 기쁘다.
4. 회장을 마아서 우리 반을 위해 열심히 일하였다.

 위에서 완성한 단어들을 같은 받침을 가진 단어끼리 분류하여 알맞은 칸에 써 봅시다. 그다음, 받침별로 단어를 소리 내어 읽어 봅시다.

받침 ㅌ	받침 ㅈ

누적 연습 31

 다음 문장들의 단어에 알맞은 받침을 적어 넣은 후, 문장을 소리 내어 읽어 봅시다.

1. 산을 오를 때 아빠의 손을 꼭 부잡았다.
2. 그물로 물고기를 나았다.
3. 봄이 되니, 새싹이 도았다.
4. 소에서 먹이를 줄 풀을 뜨었다.

 위에서 완성한 단어들을 같은 받침을 가진 단어끼리 분류하여 알맞은 칸에 써 봅시다. 그다음, 받침별로 단어를 소리 내어 읽어 봅시다.

받침 ㄲ	받침 ㄷ	받침 ㅌ

2) 홑받침 ㅎ 탈락

누적 연습 1

 빈칸에 알맞은 단어를 골라 적으세요.

1. 기분이 ________ 노래를 불렀다.

   ① 좇아서　　② 조아서　　③ 좋아서　　④ 종아서

2. 이모가 ________ 아이는 아들이었다.

   ① 나은　　② 낳은　　③ 낭은　　④ 낳운

 앞글자 받침 'ㅎ'과 뒷글자 'ㅇ'에 ○를 친 후, 받침 'ㅎ'에 ×표 하면서 읽어 보세요.

땋 아	땋 았 다	땋 은
쌓 아	쌓 았 다	쌓 은
놓 아	놓 았 다	놓 은

누적 연습 2

다음 문장에서 틀린 한 곳을 찾아 밑줄을 그은 후 고쳐 쓰세요.

1. 토끼를 잡기 위해 노은 덫

   (   )

2. 기초를 잘 쌌은 사람은 성공한다.

   (   )

〈보기〉에서 밑줄 친 부분에 들어갈 알맞은 단어를 찾아 쓰세요. 그다음, 쓴 단어를 가림판으로 가리고 기억하여 쓴 후, 맞게 썼는지 확인해 봅시다. 그리고 단어를 세 번 더 반복해서 써 봅시다.

보기

쌓아, 땋아, 넣어, 낳아

	기억하여 쓰기	반복 쓰기	반복 쓰기	반복 쓰기
3. 열심히 실력을 ________ 성공하였다.				
4. 아이를 ________ 길렀다.				
5. 커피에 설탕을 ________ 먹었다.				
6. 실을 ________ 머리띠를 만들었다.				

누적 연습 3

다음 문장들의 단어에 알맞은 받침을 적어 넣은 후, 문장을 소리 내어 읽어 봅시다.

1. 과일을 너은 빙수가 맛있다.
2. 건강이 안 조아 일을 그만 두었다.
3. 선반에 올려노은 가방을 못 봤니?
4. 그를 우리 팀에 너었다.

위에서 완성한 단어들을 같은 어미를 가진 단어끼리 분류해 봅시다. 그다음, 어미별로 단어를 소리 내어 읽어 봅시다.

-었다	-아	-은

누적 연습 4

빈칸에 알맞은 단어를 골라 적으세요.

1. 머리를 두 갈래로 ________.

① 따왕다 ② 따았다 ③ 땋았다 ④ 닿았다

2. 쌀을 ________ 죽을 쑤다.

① 찧어 ② 찌어 ③ 찢어 ④ 찌어

앞글자 받침 'ㅎ'과 뒷글자 'ㅇ'에 ○를 친 후, 받침 'ㅎ'에 ×표 하면서 읽어 보세요.

빻 아	빻 았 다	빻 은
낳 아	낳 았 다	낳 은
찧 어	찧 었 다	찧 은

누적 연습 5

다음 문장에서 틀린 한 곳을 찾아 밑줄을 그은 후 고쳐 쓰세요.

1. 곱게 따은 머리에 리본을 달아 주었다.

   (   )

2. 가방을 항상 같은 곳에 노왔다.

   (   )

<보기>에서 밑줄 친 부분에 들어갈 알맞은 단어를 찾아 쓰세요. 그다음, 쓴 단어를 가림판으로 가리고 기억하여 쓴 후, 맞게 썼는지 확인해 봅시다. 그리고 단어를 세 번 더 반복해서 써 봅시다.

보기

찧었다, 쌓았다, 놓았다, 빻았다

	기억하여 쓰기	반복 쓰기	반복 쓰기	반복 쓰기
3. 그가 돌아와서 한시름 ________.				
4. 바닷가에서 모래성을 ________.				
5. 고춧가루를 만들기 위해 고추를 ________.				
6. 마늘을 절구에 넣어 ________.				

누적 연습 6

 다음 문장들의 단어에 알맞은 받침을 적어 넣은 후, 문장을 소리 내어 읽어 봅시다.

1. 봉숭아꽃을 곱게 빠아 손톱에 물들였다.
2. 나은 정보다 기른 정이 더 크다.
3. 꽉 잡았던 손을 노았다.
4. 두 갈래로 따은 머리가 예쁘다.

 위에서 완성한 단어들을 같은 어미를 가진 단어끼리 분류해 봅시다. 그다음, 어미별로 단어를 소리 내어 읽어 봅시다.

-았다/었다	-아	-은

누적 연습 7

빈칸에 알맞은 단어를 골라 적으세요.

1. 벽에 이마를 ________.

① 찧었다　② 찧었다　③ 찌었다　④ 찌엏다

2. 개울에 다리를 ________ 건너자.

① 노아　② 놓아　③ 놋아　④ 놓아

앞글자 받침 'ㅎ'과 뒷글자 'ㅇ'에 ○를 친 후, 받침 'ㅎ'에 ×표 하면서 읽어 보세요.

쌓 아	쌓 았 다	쌓 은
찧 어	찧 었 다	찧 은
넣 어	넣 었 다	넣 은

누적 연습 8

다음 문장에서 틀린 한 곳을 찾아 밑줄을 그은 후 고쳐 쓰세요.

1. 추워서 손을 주머니에 너엏다.

 (   )

2. 밀을 빠아 밀가루를 만들다.

 (   )

〈보기〉에서 밑줄 친 부분에 들어갈 알맞은 단어를 찾아 쓰세요. 그다음, 쓴 단어를 가림판으로 가리고 기억하여 쓴 후, 맞게 썼는지 확인해 봅시다. 그리고 단어를 세 번 더 반복해서 써 봅시다.

보기

낳은, 좋은, 놓은, 땋은

	기억하여 쓰기	반복 쓰기	반복 쓰기	반복 쓰기
3. 새끼를 ________ 어미 고양이				
4. 튼튼하게 ________ 다리				
5. 몸에 ________ 음식				
6. 길게 ________ 머리				

누적 연습 9

다음 문장들의 단어에 알맞은 받침을 적어 넣은 후, 문장을 소리 내어 읽어 봅시다.

1. 미끄러져 엉덩방아를 찌었다.
2. 기초부터 탄탄히 실력을 싸아 올렸다.
3. 주머니에 손을 너은 채 걸었다.
4. 할머니는 자식을 일곱 명이나 나아 기르셨다.

위에서 완성한 단어들을 같은 어미를 가진 단어끼리 분류해 봅시다. 그다음, 어미별로 단어를 소리 내어 읽어 봅시다.

-었다	-아	-은

누적 연습 10

 빈칸에 알맞은 단어를 골라 적으세요.

1. 벽돌로 ________ 올린 탑

① 쌌아 ② 싸아 ③ 쌓아 ④ 샇아

2. 책가방에 책을 ________.

① 너엏다 ② 넣었다 ③ 넣었다 ④ 너었다

앞글자 받침 'ㅎ'과 뒷글자 'ㅇ'에 ○를 친 후, 받침 'ㅎ'에 ×표 하면서 읽어 보세요.

쌓 아	쌓 았 다	쌓 은
찧 어	찧 었 다	찧 은
넣 어	넣 었 다	넣 은

3) 홑받침 축약

누적 연습 1

빈칸에 알맞은 단어를 골라 적으세요.

1. 계모는 콩쥐에게 방아를 ________ 하였다.

① 찠게 ② 찟게 ③ 찧게 ④ 찧케

2. 실력을 ________ 위해 열심히 노력하였다.

① 쌓키 ② 싸키 ③ 쌓기 ④ 쌌기

앞글자 받침 'ㅎ'과 뒷글자 'ㅈ'이나 'ㄷ'에 ○를 친 후, 둘에 + 표시를 하면서 읽어 보세요.

낳 지	낳 다	낳 도 록
찧 지	찧 다	찧 도 록
넣 지	넣 다	넣 도 록

누적 연습 2

다음 문장에서 틀린 한 곳을 찾아 밑줄을 그은 후 고쳐 쓰세요.

1. 머리를 찧치 않도록 조심해라.

   (   )

2. 기초를 잘 쌌도록 노력해라.

   (   )

〈보기〉에서 밑줄 친 부분에 들어갈 알맞은 단어를 찾아 쓰세요. 그다음, 쓴 단어를 가림판으로 가리고 기억하여 쓴 후, 맞게 썼는지 확인해 봅시다. 그리고 단어를 세 번 더 반복해서 써 봅시다.

보기

넣다, 놓다, 찧다, 좋다

	기억하여 쓰기	반복 쓰기	반복 쓰기	반복 쓰기
3. 꼭 잡았던 손을 ________.				
4. 문에 이마를 ________.				
5. 우리 엄마는 음식 솜씨가 ________.				
6. 바람 빠진 타이어에 바람을 ________.				

누적 연습 3

 빈칸에 알맞은 단어를 골라 적으세요.

보기

낳다, 났다

1. 아기를 ____________.

2. 얼굴에 뾰루지가 ____________.

다음 문장들의 단어에 알맞은 받침을 적어 넣은 후, 문장을 소리 내어 읽어 봅시다.

3. 깜박 잊고 숙제를 집에 노고 왔다.

4. 엉덩방아를 찌지 않도록 조심하세요.

5. 담뱃갑에 경고 그림을 너도록 하였다.

6. 쌀을 빠고 송편을 빚었다.

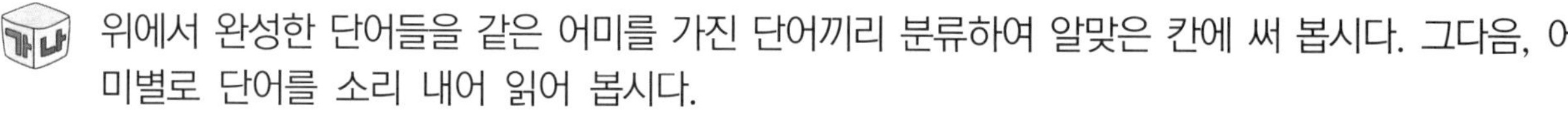

위에서 완성한 단어들을 같은 어미를 가진 단어끼리 분류하여 알맞은 칸에 써 봅시다. 그다음, 어미별로 단어를 소리 내어 읽어 봅시다.

-고	-지	-도록

누적 연습 4

 빈칸에 알맞은 단어를 골라 적으세요.

1. 선생님께서 실력을 ________ 도와 주셨다.

   ① 쌓게　　② 쌌게　　③ 쌌케　　④ 싸케

2. 벽에 이마를 ________ 않도록 조심하자.

   ① 찌치　　② 찧치　　③ 찧지　　④ 찢지

앞글자 받침 'ㅎ'과 뒷글자 'ㅈ'이나 'ㄷ'에 ○를 친 후, 둘에 + 표시를 하면서 읽어 보세요.

좋 지	좋 다	좋 도 록
놓 지	놓 다	놓 도 록
빻 지	빻 다	빻 도 록

누적 연습 5

다음 문장에서 틀린 한 곳을 찾아 밑줄을 그은 후 고쳐 쓰세요.

1. 머리를 땋치 말고 풀어 봐!

   (   )

2. 자신이 쓴 물건은 제자리에 갖다 놓차!

   (   )

〈보기〉에서 밑줄 친 부분에 들어갈 알맞은 단어를 찾아 쓰세요. 그다음, 쓴 단어를 가림판으로 가리고 기억하여 쓴 후, 맞게 썼는지 확인해 봅시다. 그리고 단어를 세 번 더 반복해서 써 봅시다.

보기

낳고, 쌓고, 넣고, 놓고

	기억하여 쓰기	반복 쓰기	반복 쓰기	반복 쓰기
3. 마음을 푹 ______ 쉬세요.				
4. 돌로 탑을 ______ 왔다.				
5. 축구 경기에서 골을 꼭 ______ 싶다.				
6. 딸을 꼭 ______ 싶다.				

누적 연습 6

 빈칸에 알맞은 단어를 골라 적으세요.

보기

찢다, 찧다

1. 종이를 발기발기 ____________.

2. 벽에 이마를 쾅 ____________.

 다음 문장들의 단어에 알맞은 받침을 적어 넣은 후, 문장을 소리 내어 읽어 봅시다.

3. 더 이상 신문을 너지 마세요.
4. 아이를 나고 키우는 일은 어렵다.
5. 그는 경험을 싸도록 노력하였다.
6. 주머니에 열쇠를 너고 다녔다.

 위에서 완성한 단어들을 같은 어미를 가진 단어끼리 분류하여 알맞은 칸에 써 봅시다. 그다음, 어미별로 단어를 소리 내어 읽어 봅시다.

-고	-지	-도록

누적 연습 7

빈칸에 알맞은 단어를 골라 적으세요.

1. 아이들은 모래성 ________ 놀이를 하고 있다.

   ① 싸키 ② 쌓키 ③ 쌓기 ④ 쌌기

2. 준비물을 가방에 스스로 ________ 하자.

   ① 넣도록 ② 너토록 ③ 넜도록 ④ 넣토록

앞글자 받침 'ㅎ'과 뒷글자 'ㄱ'이나 'ㄷ'에 ○를 친 후, 둘에 + 표시를 하면서 읽어 보세요.

낳 고	낳 게	낳 다
찧 고	찧 게	찧 다
쌓 고	쌓 게	쌓 다

누적 연습 8

다음 문장에서 틀린 한 곳을 찾아 밑줄을 그은 후 고쳐 쓰세요.

1. 주머니에 손을 넣치 말아라.

   (   )

2. 상대편이 골을 못 넣게 잘 막았다.

   (   )

〈보기〉에서 밑줄 친 부분에 들어갈 알맞은 단어를 찾아 쓰세요. 그다음, 쓴 단어를 가림판으로 가리고 기억하여 쓴 후, 맞게 썼는지 확인해 봅시다. 그리고 단어를 세 번 더 반복해서 써 봅시다.

보기

넣지, 좋지, 찧지, 놓지

	기억하여 쓰기	반복 쓰기	반복 쓰기	반복 쓰기
3. 손을 ________ 말고 꼭 잡으세요.				
4. 야단을 맞아서 기분이 ________ 않다.				
5. 주머니에 손을 ________ 마세요.				
6. 머리를 ________ 않도록 조심하세요.				

누적 연습 9

 〈보기〉에서 빈칸에 알맞은 단어를 골라 적으세요.

보기

땄다, 땋다

1. 잘 익은 사과를 .

2. 머리를 양 갈래로 .

 다음 문장들의 단어에 알맞은 받침을 적어 넣은 후, 문장을 소리 내어 읽어 봅시다.

3. 지갑을 주머니에 항상 너고 다닌다.
4. 짝꿍 손을 노지 마세요.
5. 계모는 콩쥐에게 방아를 찌도록 하였다.
6. 댕기머리를 따고 한복을 입었다.

 위에서 완성한 단어들을 같은 어미를 가진 단어끼리 분류하여 알맞은 칸에 써 봅시다. 그다음, 어미별로 단어를 소리 내어 읽어 봅시다.

-고	-지	-도록

누적 연습 10

빈칸에 알맞은 단어를 골라 적으세요.

1. 떨어뜨린 책에 발등을 ________.

① 찌다 ② 찧다 ③ 찟다 ④ 찧타

2. 이모는 딸을 ________ 해 달라고 기도했다.

① 낳케 ② 났게 ③ 나케 ④ 낳게

앞글자 받침 'ㅎ' 과 뒷글자 'ㄱ'이나 'ㅈ'에 ○를 친 후, 둘에 + 표시를 하면서 읽어 보세요.

넣 고	넣 게	넣 지
땋 고	땋 게	땋 지
쌓 고	쌓 게	쌓 지

누적 연습 11

 〈보기〉에서 빈칸에 알맞은 단어를 골라 적으세요.

보기

쌌다, 쌓다

1. 여행 가방을 ________.

2. 탑을 높이 ________.

 다음 문장들의 단어에 알맞은 받침을 적어 넣은 후, 문장을 소리 내어 읽어 봅시다.

3. 아이를 나고 기르는 것은 대단한 일이다.
4. 탑을 너무 높이 싸지 마세요.
5. 자신이 쓴 물건은 제자리에 갖다 노도록 하여라.
6. 팥을 너고 과일도 넣어 빙수를 만들었다.

 위에서 완성한 단어들을 같은 어미를 가진 단어끼리 분류하여 알맞은 칸에 써 봅시다. 그다음, 어미별로 단어를 소리 내어 읽어 봅시다.

-고	-지	-도록

4) 홑받침 비음화

누적 연습 1

 빈칸에 알맞은 단어를 골라 적으세요.

1. 나는 줄을 ________ 일을 맡았다.

   ① 근는　　② 긋는　　③ 귿는　　④ 긎는

2. 생선을 ________ 냄새가 좋다.

   ① 굼는　　② 굽는　　③ 굪는　　④ 궀는

 앞글자 받침과 뒷글자 'ㄴ'에 ○를 하며, 다음 단어를 읽어 보세요.

막니	막는다	막는데
늦니	늦는다	늦는데
깎니	깎는다	깎는데

누적 연습 2

다음 문장에서 틀린 한 곳을 찾아 밑줄을 그은 후 고쳐 쓰세요.

1. 어부는 고기를 잒는 사람이다.

   (   )

2. 벽돌로 집을 짓는다.

   (   )

〈보기〉에서 밑줄 친 부분에 들어갈 알맞은 단어를 찾아 쓰세요. 그다음, 쓴 단어를 가림판으로 가리고 기억하여 쓴 후, 맞게 썼는지 확인해 봅시다. 그리고 단어를 세 번 더 반복해서 써 봅시다.

보기

붓는다, 쫓는다, 뱉는다, 돋는다

	기억하여 쓰기	반복 쓰기	반복 쓰기	반복 쓰기
3. 침을 ________.				
4. 고양이가 쥐를 ________.				
5. 물을 ________.				
6. 새싹이 ________.				

누적 연습 3

<보기>에서 빈칸에 알맞은 단어를 골라 적으세요.

보기

찾는데, 찼는데

1. 공을 ________ 그만 담을 넘어갔다.
2. 짐을 ________ 시간이 오래 걸렸다.

다음 문장들의 단어에 알맞은 받침을 적어 넣은 후, 문장을 소리 내어 읽어 봅시다.

3. 지구온난화를 마는 방법
4. 창문을 깨끗이 다는 방법
5. 탑을 높이 싸는 방법
6. 아기를 어는 방법

위에서 완성한 단어들을 받침에 따라 분류해 봅시다. 그다음, 어미별로 단어를 소리 내어 읽어 봅시다.

	-는
받침 ㄱ	
받침 ㄲ	
받침 ㅂ	
받침 ㅎ	

누적 연습 4

빈칸에 알맞은 단어를 골라 적으세요.

1. 껌 ________ 소리가 시끄럽다.

① 씹는 ② 씳는 ③ 씸는 ④ 십는

2. 그는 문을 열고 ________ 일을 맡았다.

① 닫는 ② 단는 ③ 닷는 ④ 답는

앞글자 받침과 뒷글자 'ㄴ'에 ○를 치며, 다음 단어를 읽어 보세요.

집니	집는다	집는
뱉니	뱉는다	뱉는
찍니	찍는다	찍는

누적 연습 5

다음 문장에서 틀린 한 곳을 찾아 밑줄을 그은 후 고쳐 쓰세요.

1. 반지를 만들기 위해 클로버를 엮는다.

   (   )

2. 색종이를 점는다.

   (   )

〈보기〉에서 밑줄 친 부분에 들어갈 알맞은 단어를 찾아 쓰세요. 그다음, 쓴 단어를 가림판으로 가리고 기억하여 쓴 후, 맞게 썼는지 확인해 봅시다. 그리고 단어를 세 번 더 반복해서 써 봅시다.

보기

꼽는다, 깎는다, 맡는다, 젓는다

	기억하여 쓰기	반복 쓰기	반복 쓰기	반복 쓰기
3. 냄새를 ________.				
4. 깃발을 ________.				
5. 노를 ________.				
6. 연필을 ________.				

누적 연습 6

 〈보기〉에서 빈칸에 알맞은 단어를 골라 적으세요.

보기

낳는다, 낫는다

1. 약을 먹어야 감기가 금방 ________.

2. 아기를 ________.

 다음 문장들의 단어에 알맞은 받침을 적어 넣은 후, 문장을 소리 내어 읽어 봅시다.

3. 밥을 머는다.
4. 옷을 버는다.
5. 공을 바는다.
6. 머리를 무는다.

 위에서 완성한 단어들을 받침에 따라 분류해 봅시다. 그다음, 받침별로 단어를 소리 내어 읽어 봅시다.

	-는다
받침 ㄱ	
받침 ㄲ	
받침 ㄷ	
받침 ㅅ	

누적 연습 7

빈칸에 알맞은 단어를 골라 적으세요.

1. 내가 좋아하는 책을 ________ 해리포터이다.
   ① 꼽는다면 ② 꼼는다면 ③ 꼾는다면 ④ 꾶는다면

2. 홍수를 ________ 고생하였다.
   ① 껵느라 ② 겪느라 ③ 꺾느라 ④ 경느라

앞글자 받침과 뒷글자 'ㄴ'에 ○를 치며, 다음 단어를 읽어 보세요.

짚는다	짚니	짚는데
닫는다	닫니	닫는데
낚는다	낚니	낚는데

누적 연습 8

다음 문장에서 틀린 한 곳을 찾아 밑줄을 그은 후 고쳐 쓰세요.

1. 물고기를 낭는 데 시간이 오래 걸린다.

   (   )

2. 그 답이 맡다.

   (   )

〈보기〉에서 밑줄 친 부분에 들어갈 알맞은 단어를 찾아 쓰세요. 그다음, 쓴 단어를 가림판으로 가리고 기억하여 쓴 후, 맞게 썼는지 확인해 봅시다. 그리고 단어를 세 번 더 반복해서 써 봅시다.

보기

찢는다, 긋는다, 집는다, 묶는다

	기억하여 쓰기	반복 쓰기	반복 쓰기	반복 쓰기
3. 선을 ________.				
4. 종이를 발기발기 ________.				
5. 머리를 ________.				
6. 떨어진 연필을 ________.				

누적 연습 9

 〈보기〉에서 빈칸에 알맞은 단어를 골라 적으세요.

보기

짚는다, 집는다

1. 다리를 다쳐 목발을 ________.

2. 떨어진 종이를 ________.

 다음 문장들의 단어에 알맞은 받침을 적어 넣은 후, 문장을 소리 내어 읽어 봅시다.

3. 노를 저는다.
4. 길을 마는다.
5. 쌀에 보리를 서는다.
6. 야채를 보는다.

 위에서 완성한 단어들을 같은 받침을 가진 단어끼리 분류해 봅시다. 그다음, 받침별로 단어를 소리 내어 읽어 봅시다.

	-는다	
받침 ㄱ		
받침 ㄲ		
받침 ㅅ		

누적 연습 10

 빈칸에 알맞은 단어를 골라 적으세요.

1. 숨은 사람을 ________ 시간이 오래 걸렸다.

① 찾는 데 ② 찾는 데 ③ 찼는 데 ④ 찮는 데

2. 회장을 ________ 것은 쉬운 일이 아니다.

① 맞는 ② 맡는 ③ 맏는 ④ 맞는

 앞글자 받침과 뒷글자 'ㄴ'에 ○를 치며, 다음 단어를 읽어 보세요.

낳니	낳는데	낳는다
내쫓니	내쫓는데	내쫓는다
묵니	묵는데	묵는다

누적 연습 11

다음 문장에서 틀린 한 곳을 찾아 밑줄을 그은 후 고쳐 쓰세요.

1. 실력을 갈고 닥는다면 좋은 결과가 있을 것이다.

   (　　　　　　　　　　)

2. 누군가가 나를 쫒는데 어떡하지?

   (　　　　　　　　　　)

〈보기〉에서 밑줄 친 부분에 들어갈 알맞은 단어를 찾아 쓰세요. 그다음, 쓴 단어를 가림판으로 가리고 기억하여 쓴 후, 맞게 썼는지 확인해 봅시다. 그리고 단어를 세 번 더 반복해서 써 봅시다.

보기

쌓니, 볶니, 깊니, 싶니

	기억하여 쓰기	반복 쓰기	반복 쓰기	반복 쓰기
3. 강물이 ________?				
4. 너는 탑을 ________?				
5. 너도 먹고 ________?				
6. 지금 깨를 ________?				

누적 연습 12

 〈보기〉에서 빈칸에 알맞은 단어를 골라 적으세요.

보기

젔는다, 젔는다

1. 비를 맞으면 옷이 ________.

2. 국에 간장을 넣고 섞이도록 ________.

다음 문장들의 단어에 알맞은 받침을 적어 넣은 후, 문장을 소리 내어 읽어 봅시다.

3. 고기를 나니?
4. 새 장난감이 벌써 망가져니?
5. 팔찌를 껴니?
6. 네가 만들어니?

위에서 완성한 단어들을 같은 받침을 가진 단어끼리 분류해 봅시다. 그다음, 받침별로 단어를 소리 내어 읽어 봅시다.

		-니	
받침 ㄲ			
받침 ㅆ			

누적 연습 13

빈칸에 알맞은 단어를 골라 적으세요.

1. 집에 ________ 친구에게 전화가 왔다.

① 있는데　　② 인는데　　③ 잇는데　　④ 잊는데

2. 공을 던지고 ________ 놀이를 했다.

① 반는　　② 밭는　　③ 밧는　　④ 받는

앞글자 받침과 뒷글자 'ㄴ'에 ○를 치며, 다음 단어를 읽어 보세요.

찍 는	찍 는 다	찍 니
엎 는	엎 는 다	엎 니
꽂 는	꽂 는 다	꽂 니

누적 연습 14

다음 문장에서 틀린 한 곳을 찾아 밑줄을 그은 후 고쳐 쓰세요.

1. 벌써 일어낫니?

   (   )

2. 야채를 봉는 데 시간이 오래 걸린다.

   (   )

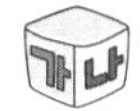

〈보기〉에서 밑줄 친 부분에 들어갈 알맞은 단어를 찾아 쓰세요. 그다음, 쓴 단어를 가림판으로 가리고 기억하여 쓴 후, 맞게 썼는지 확인해 봅시다. 그리고 단어를 세 번 더 반복해서 써 봅시다.

보기

싫니, 낮니, 잊니, 넣니

	기억하여 쓰기	반복 쓰기	반복 쓰기	반복 쓰기
3. 왜 자꾸 약속을 ______?				
4. 의자가 너무 ______?				
5. 지금 밥을 먹고 ______?				
6. 왜 자꾸 주머니에 손을 ______?				

누적 연습 15

 〈보기〉에서 빈칸에 알맞은 단어를 골라 적으세요.

보기

맞는다, 맡는다

1. 손님을 ________.

2. 학급 회장을 ________.

 다음 문장들의 단어에 알맞은 받침을 적어 넣은 후, 문장을 소리 내어 읽어 봅시다.

3. 어려움을 겪는다.
4. 플러그를 꽂는다.
5. 문을 닫는다.
6. 은혜를 갚는다.

위에서 완성한 단어들을 받침에 따라 분류해 봅시다. 그다음, 받침별로 단어를 소리 내어 읽어 봅시다.

	-는다
받침 ㄲ	
받침 ㄷ	
받침 ㅈ	
받침 ㅍ	

III

겹받침 단어 및 철자 연습 워크북

1. 대표음으로 발음되는 겹받침 단어

누적 연습 1

빈칸에 알맞은 단어를 골라 적으세요.

1. 가려워서 다리를 ________.

① 극다 ② 긁다 ③ 긂다

2. 짐을 방에서 마루로 ________.

① 옳기다 ② 옭기다 ③ 옮기다

〈보기〉에서 밑줄 친 부분에 들어갈 알맞은 단어를 찾아 쓰세요. 그다음, 쓴 단어를 가림판으로 가리고 기억하여 쓴 후, 맞게 썼는지 확인해 봅시다. 그리고 단어를 세 번 더 반복해서 써 봅시다.

보기

늙다, 맑다, 가라앉다, 굶다

	기억하여 쓰기	반복 쓰기	반복 쓰기	반복 쓰기
3. 고생을 해서 갑자기 ________.				
4. 물속으로 ________.				
5. 날씨가 ________.				
6. 밥을 며칠 ________.				

누적 연습 2

 다음 문장들의 단어에 알맞은 받침을 적어 넣은 후, 문장을 소리 내어 읽어 봅시다.

1. 소문이 참 어이어다.
2. 방이 너다.
3. 등을 그다.
4. 감기가 오다.

 위에서 완성한 단어들을 받침에 따라 분류하여 알맞은 칸에 써 봅시다. 그다음, 받침별로 단어를 소리 내어 읽어 봅시다.

받침 ㄺ	받침 ㄻ	받침 ㄼ	받침 ㅄ

누적 연습 3

 〈보기〉에서 빈칸에 알맞은 단어를 골라 적으세요.

보기

익다, 읽다

1. 만화책을 ＿＿＿＿＿.

2. 사과가 맛있게 ＿＿＿＿＿.

 빈칸에 알맞은 단어를 골라 적으세요.

3. 감이 아직 익지 않아 ＿＿＿＿.

① 떫다 ② 떪다 ③ 떬다

4. 엄마를 잃은 신데렐라가 ＿＿＿＿.

① 가엾다 ② 가엷다 ③ 가엻다

누적 연습 4

 다음 문장들의 단어에 알맞은 받침을 적어 넣은 후, 문장을 소리 내어 읽어 봅시다.

1. 자매가 다다.
2. 책을 이다.
3. 몸에 물을 끼어다.
4. 꽂이 부다.

 위에서 완성한 단어들을 같은 받침을 가진 단어끼리 분류하여 알맞은 칸에 써 봅시다. 그다음, 받침별로 단어를 소리 내어 읽어 봅시다.

받침 ㄵ	받침 ㄺ	받침 ㄻ

누적 연습 5

다음 문장에서 틀린 한 곳을 찾아 밑줄을 그은 후 고쳐 쓰세요.

1. 닥이 모이를 쪼아 먹고 있다.

   (   )

2. 밤이 덜 익어서 떨다.

   (   )

〈보기〉에서 밑줄 친 부분에 들어갈 알맞은 단어를 찾아 쓰세요. 그다음, 쓴 단어를 가림판으로 가리고 기억하여 쓴 후, 맞게 썼는지 확인해 봅시다. 그리고 단어를 세 번 더 반복해서 써 봅시다.

보기

읽다, 굵다, 젊다, 가엾다

	기억하여 쓰기	반복 쓰기	반복 쓰기	반복 쓰기
3. 울고 있는 아이가 ________.				
4. 만화책을 ________.				
5. 아저씨의 팔뚝이 ________.				
6. 그는 건강하고 ________.				

누적 연습 6

 〈보기〉에서 빈칸에 알맞은 단어를 골라 적으세요.

보기

맑다, 막다

1. 구름 한 점 없이 날씨가 ______________.

2. 몰려오는 적을 ______________.

 빈칸에 알맞은 단어를 골라 적으세요.

3. 동생 어깨에 팔을 ______________.

① 언다　　② 엾다　　③ 얹다

4. 떨어진 나사를 찾으려고 방바닥을 샅샅이 ______________.

① 훑다　　② 홅다　　③ 훓다

누적 연습 7

 다음 문장들의 단어에 알맞은 받침을 적어 넣은 후, 문장을 소리 내어 읽어 봅시다.

1. 다리가 구다.
2. 의자에 아다.
3. 달걀을 사다.
4. 친구 발을 바다.

 위에서 완성한 단어들을 받침에 따라 분류하여 알맞은 칸에 써 봅시다. 그다음, 받침별로 단어를 소리 내어 읽어 봅시다.

받침 ㄴㅈ	받침 ㄹㄱ	받침 ㄹㅁ	받침 ㄹㅂ

누적 연습 8

 다음 문장에서 틀린 한 곳을 찾아 밑줄을 그은 후 고쳐 쓰세요.

1. 아이는 장난감을 흑 속에 숨겼다.

   (   )

2. 달걀을 삼다.

   (   )

〈보기〉에서 밑줄 친 부분에 들어갈 알맞은 단어를 찾아 쓰세요. 그다음, 쓴 단어를 가림판으로 가리고 기억하여 쓴 후, 맞게 썼는지 확인해 봅시다. 그리고 단어를 세 번 더 반복해서 써 봅시다.

보기

넓다, 없다, 엎다, 곪다

	기억하여 쓰기	반복 쓰기	반복 쓰기	반복 쓰기
3. 바다가 ________.				
4. 이 세상에 유령은 ________.				
5. 상처가 ________.				
6. 그릇을 찬장에 ________.				

누적 연습 9

〈보기〉에서 빈칸에 알맞은 단어를 골라 적으세요.

보기

박다, 밝다

1. 벽에 못을 ______.

2. 보름달이 ______.

 빈칸에 알맞은 단어를 골라 적으세요.

3. 수영장에 다녀와서 눈병이 ______.

① 옮다　② 옴다　③ 옯다

4. 너무 더워서 몸에 찬물을 ______.

① 끼언다　② 끼얹다　③ 끼얺다

누적 연습 10

 다음 문장들의 단어에 알맞은 받침을 적어 넣은 후, 문장을 소리 내어 읽어 봅시다.

1. 보름달이 바다.
2. 버려진 강아지가 가여다.
3. 바지가 짜다.
4. 시를 으다.

 위에서 완성한 단어들을 받침에 따라 분류하여 알맞은 칸에 써 봅시다. 그다음, 받침별로 단어를 소리 내어 읽어 봅시다.

받침 ㄺ	받침 ㄼ	받침 ㄿ	받침 ㅄ

누적 연습 11

다음 문장에서 틀린 한 곳을 찾아 밑줄을 그은 후 고쳐 쓰세요.

1. 실수로 짝꿍 발을 밥다.

( )

2. 상어는 등 쪽보다 몸 쪽의 색깔이 엹다.

( )

〈보기〉에서 밑줄 친 부분에 들어갈 알맞은 단어를 찾아 쓰세요. 그다음, 쓴 단어를 가림판으로 가리고 기억하여 쓴 후, 맞게 썼는지 확인해 봅시다. 그리고 단어를 세 번 더 반복해서 써 봅시다.

보기

짧다, 붉다, 닮다, 끼얹다

	기억하여 쓰기	반복 쓰기	반복 쓰기	반복 쓰기
3. 불을 끄려고 물을 ________.				
4. 두 형제가 많이 ________.				
5. 단풍이 ________.				
6. 토끼는 앞발이 ________.				

누적 연습 12

〈보기〉에서 빈칸에 알맞은 단어를 골라 적으세요.

보기

닮다, 담다

1. 형제끼리 ________.

2. 김치를 김치통에 ________.

빈칸에 알맞은 단어를 골라 적으세요.

3. 꽃이 ________.

   ① 북다　　② 붉다　　③ 붉다

4. 쌍둥이 자매가 서로 ________.

   ① 닮다　　② 닯다　　③ 닳다

누적 연습 13

 다음 문장들의 단어에 알맞은 받침을 적어 넣은 후, 문장을 소리 내어 읽어 봅시다.

1. 오빠 목소리가 구다.
2. 옷이 너무 야다.
3. 그녀는 예쁘고 저다.
4. 지붕을 어다.

 위에서 완성한 단어들을 받침에 따라 분류하여 알맞은 칸에 써 봅시다. 그다음, 받침별로 단어를 소리 내어 읽어 봅시다.

받침 ㄵ	받침 ㄺ	받침 ㄻ	받침 ㄼ

누적 연습 14

다음 문장에서 틀린 <u>한 곳</u>을 찾아 밑줄을 그은 후 고쳐 쓰세요.

1. 이 물건 갑이 얼마예요?

   (   )

2. 과일이 오래되어서 곰다.

   (   )

〈보기〉에서 밑줄 친 부분에 들어갈 알맞은 단어를 찾아 쓰세요. 그다음, 쓴 단어를 가림판으로 가리고 기억하여 쓴 후, 맞게 썼는지 확인해 봅시다. 그리고 단어를 세 번 더 반복해서 써 봅시다.

보기

짧다, 어이없다, 닮다, 끼얹다

	기억하여 쓰기	반복 쓰기	반복 쓰기	반복 쓰기
3. 터무니없는 소문이 ________.				
4. 남매가 서로 ________.				
5. 치마가 ________.				
6. 물을 ________.				

누적 연습 15

 〈보기〉에서 빈칸에 알맞은 단어를 골라 적으세요.

보기

묶다, 묽다

1. 물을 너무 많이 넣어 반죽이 ______.

2. 머리끈으로 머리를 ______.

 빈칸에 알맞은 단어를 골라 적으세요.

3. 동생이 지금 집에 ______.

① 업다 ② 없다 ③ 엀다

4. 돌이 물속에 ______.

① 가라앉다 ② 가라안다 ③ 가라앓다

누적 연습 16

 다음 문장들의 단어에 알맞은 받침을 적어 넣은 후, 문장을 소리 내어 읽어 봅시다.

1. 저것은 내 친구 몫, 이것은 내 모
2. 돌아가진 할아버지의 너
3. 일하고 받은 사
4. 행복한 사

 위에서 완성한 단어들을 같은 받침을 가진 단어끼리 분류하여 알맞은 칸에 써 봅시다. 그다음, 받침별로 단어를 소리 내어 읽어 봅시다.

받침 ㄳ	받침 ㄻ

누적 연습 17

다음 문장에서 틀린 한 곳을 찾아 밑줄을 그은 후 고쳐 쓰세요.

1. 아빠의 손가락이 내 손가락보다 굵다.

   (　　　　　　　　　　)

2. 치마 길이가 너무 짧다.

   (　　　　　　　　　　)

빈칸에 알맞은 단어를 골라 적으세요.

3. 의자에 ________.

   ① 않다　　　② 안다　　　③ 앉다

4. 아이가 아빠를 ________.

   ① 닮다　　　② 담다　　　③ 닯다

III

겹받침 단어 및 철자 연습 워크북

2. 음운 변동이 적용되는 겹받침 단어

1) 겹받침 연음

(1) 겹받침 ㄺ, ㄵ, ㄼ, ㄻ + 'ㅇ' 시작 단어

누적 연습 1

빈칸에 알맞은 단어를 골라 적으세요.

1. 할아버지의 이마에 ________ 주름이 잡혔다.

① 굵근 ② 굷근 ③ 굵은 ④ 굶은

2. ________ 남자는 힘이 세었다.

① 젊은 ② 절은 ③ 절믄 ④ 젊은

앞글자 겹받침 중 두 번째 받침과 뒷글자 'ㅇ'에 ○를 치고, 둘을 화살표로 이으면서 ○를 친 두 번째 받침을 'ㅇ' 자리에 넣어 읽어 보세요.

늙어	늙었다	늙은
삶아	삶았다	삶은
앉아	앉았다	앉은

누적 연습 2

다음 문장에서 틀린 한 곳을 찾아 밑줄을 그은 후 고쳐 쓰세요.

1. 날씨가 많아 소풍 가기에 좋다.

   (　　　　　　　　　　)

2. 이마에서 굵근 땀방울이 떨어졌다.

   (　　　　　　　　　　)

〈보기〉에서 밑줄 친 부분에 들어갈 알맞은 단어를 찾아 쓰세요. 그다음, 쓴 단어를 가림판으로 가리고 기억하여 쓴 후, 맞게 썼는지 확인해 봅시다. 그리고 단어를 세 번 더 반복해서 써 봅시다.

보기

밟았다, 엷은, 젊어, 밝아서

	기억하여 쓰기	반복 쓰기	반복 쓰기	반복 쓰기
3. 그는 인사성이 ________ 사람들이 좋아한다.				
4. 그녀는 나이보다 ________ 보인다.				
5. 나는 ________ 색깔의 옷을 좋아한다.				
6. 그가 제일 먼저 산 정상을 ________.				

누적 연습 3

 다음 문장들의 단어에 알맞은 받침을 적어 넣은 후, 문장을 소리 내어 읽어 봅시다.

1. 날씨가 마음
2. 나이가 들어 느음
3. 가려워서 그음
4. 물속으로 가라아음

 위에서 완성한 단어들을 같은 받침을 가진 단어끼리 분류해 봅시다. 그다음, 받침별로 단어를 소리 내어 읽어 봅시다.

받침 ㄺ	받침 ㄵ

누적 연습 4

 빈칸에 알맞은 단어를 골라 적으세요.

1. 물속에 ________ 종이배가 젖었다.
   ① 가라앉은　② 가라안즌　③ 가라앇은　④ 가라앉즌

2. 손가락이 ________ 반지가 들어가지 않는다.
   ① 굵거서　② 굶거서　③ 굶어서　④ 굵어서

 다음 단어의 어간(변하지 않는 글자)에 ○를 치면서 단어를 읽어 보세요.

가 라 앉 아	가 라 앉 았 다	가 라 앉 은
굵 어	굵 었 다	굵 은
얇 아	얇 았 다	얇 은

누적 연습 5

다음 문장에서 틀린 한 곳을 찾아 밑줄을 그은 후 고쳐 쓰세요.

1. 너무 더워서 몸에 찬물을 끼얹었다.

   (   )

2. 자기 전에 엄마가 아이에게 책을 읽어 주었다.

   (   )

〈보기〉에서 밑줄 친 부분에 들어갈 알맞은 단어를 찾아 쓰세요. 그다음, 쓴 단어를 가림판으로 가리고 기억하여 쓴 후, 맞게 썼는지 확인해 봅시다. 그리고 단어를 세 번 더 반복해서 써 봅시다.

보기

낡아서, 떫은, 곪았다, 얇아서

	기억하여 쓰기	반복 쓰기	반복 쓰기	반복 쓰기
3. 신발이 너무 ________ 더 이상 신을 수 없다.				
4. 기분이 안 좋아서 ________ 표정을 지었다.				
5. 그는 귀가 ________ 남의 말을 잘 듣는다.				
6. 상처를 제때 치료하지 않아서 ________.				

누적 연습 6

 다음 문장들의 단어에 알맞은 받침을 적어 넣은 후, 문장을 소리 내어 읽어 봅시다.

1. 옷이 나아서 찢어졌다.
2. 보름달이 바아서 환하다.
3. 몸에 물을 끼어어서 시원하다.
4. 달걀을 사아서 먹었다.

 위에서 완성한 단어들을 같은 받침을 가진 단어끼리 분류해 봅시다. 그다음, 받침별로 단어를 소리 내어 읽어 봅시다.

받침 ㄵ	받침 ㄺ	받침 ㄻ

누적 연습 7

 빈칸에 알맞은 단어를 골라 적으세요.

1. 며칠간 ________ 기운이 없다.

① 굶어서　　② 굼어서　　③ 굷어서　　④ 굻어서

2. 나는 간장소스를 ________ 조기구이를 좋아한다.

① 끼얹즌　　② 끼얺즌　　③ 끼얺은　　④ 끼얹은

 앞글자 겹받침 중 두 번째 받침과 뒷글자 'ㅇ'에 ○를 치고, 둘을 화살표로 이으면서 ○를 친 두 번째 받침을 'ㅇ' 자리에 넣어 읽어 보세요.

넓 어	넓 었 다	넓 은
맑 아	맑 았 다	맑 은
젊 어	젊 었 다	젊 은

누적 연습 8

다음 문장에서 틀린 한 곳을 찾아 밑줄을 그은 후 고쳐 쓰세요.

1. 졸름운전을 하지 않도록 조심해야 한다.

   (　　　　　　　　　　)

2. 너무 피곤해서 입안이 헐렀다.

   (　　　　　　　　　　)

〈보기〉에서 밑줄 친 부분에 들어갈 알맞은 단어를 찾아 쓰세요. 그다음, 쓴 단어를 가림판으로 가리고 기억하여 쓴 후, 맞게 썼는지 확인해 봅시다. 그리고 단어를 세 번 더 반복해서 써 봅시다.

보기

삶아, 늙은, 밟아서는, 앉았다

	기억하여 쓰기	반복 쓰기	반복 쓰기	반복 쓰기
3. ________ 호박으로 죽을 쑤었다.				
4. 점심으로 국수를 ________ 먹었다.				
5. 다리가 아파서 의자에 ________.				
6. 약한 사람을 힘으로 ________ 안 된다.				

누적 연습 9

 다음 문장들의 단어에 알맞은 받침을 적어 넣은 후, 문장을 소리 내어 읽어 봅시다.

1. 이 자두는 검부은 색깔이다.
2. 우리 자매는 다은 데가 없다.
3. 다리가 구은 편이다.
4. 감기가 오은 것 같다.

 위에서 완성한 단어들을 같은 받침을 가진 단어끼리 분류해 봅시다. 그다음, 받침별로 단어를 소리 내어 읽어 봅시다.

받침 ㄺ	받침 ㄻ

누적 연습 10

 빈칸에 알맞은 단어를 골라 적으세요.

1. 친구의 ________ 목소리를 들으니 나도 기분이 좋아졌다.

   ① 밝은 ② 밟은 ③ 발근 ④ 밞근

2. 감이 덜 익어서 ________ 맛이 났다.

   ① 떫은 ② 떪은 ③ 떩은 ④ 떯은

다음 단어의 어간(변하지 않는 글자)에 ○를 치면서 단어를 읽어 보세요.

짧 아	짧 았 다	짧 은
낡 아	낡 았 다	낡 은
붉 어	붉 었 다	붉 은

누적 연습 11

 다음 문장에서 틀린 한 곳을 찾아 밑줄을 그은 후 고쳐 쓰세요.

1. 차를 멈추기 위해 브레이크를 밝았다.

   (　　　　　　　　　　)

2. 밝은 달은 우리 가슴 일편단심일세.

   (　　　　　　　　　　)

〈보기〉에서 밑줄 친 부분에 들어갈 알맞은 단어를 찾아 쓰세요. 그다음, 쓴 단어를 가림판으로 가리고 기억하여 쓴 후, 맞게 썼는지 확인해 봅시다. 그리고 단어를 세 번 더 반복해서 써 봅시다.

보기

가라앉았다, 닮으려고, 엷어서, 굵은

	기억하여 쓰기	반복 쓰기	반복 쓰기	반복 쓰기
3. 수영을 못해서 몸이 물속으로 ______.				
4. 나는 우리 형을 ______ 노력하였다.				
5. 나는 ______ 목소리를 좋아한다.				
6. 물감 색깔이 너무 ______ 잘 보이지 않는다.				

누적 연습 12

 다음 문장들의 단어에 알맞은 받침을 적어 넣은 후, 문장을 소리 내어 읽어 봅시다.

1. 키가 커서 바지가 짜아졌다.
2. 오빠 목소리가 구어졌다.
3. 내 방이 너어졌다.
4. 우유에 물을 타서 무어졌다.

 위에서 완성한 단어들을 같은 받침을 가진 단어끼리 분류해 봅시다. 그다음, 받침별로 단어를 소리 내어 읽어 봅시다.

받침 ㄺ	받침 ㄼ

(2) 겹받침 ㅄ + 'ㅇ' 시작 단어

누적 연습 1

빈칸에 알맞은 단어를 골라 적으세요.

1. ________ 장대비가 내리기 시작했다.

① 난데없시　② 난데없이　③ 난데었이　④ 난데었시

2. 요새 별일 ________?

① 없으시죠　② 없스시죠　③ 업스시죠　④ 었으시죠

앞글자 받침 중 'ㅅ'과 뒷글자 'ㅇ'에 ○를 치면서 읽어 보세요.

가 엾 어	가 엾 이	가 엾 었 다
난 데 없 어	난 데 없 이	난 데 없 었 다
어 이 없 어	어 이 없 이	어 이 없 었 다

누적 연습 2

다음 문장에서 틀린 한 곳을 찾아 밑줄을 그은 후 고쳐 쓰세요.

1. 집에 아무도 없섰다.

   (   )

2. 추위에 떨고 있는 아이가 가엽서 보인다.

   (   )

〈보기〉에서 밑줄 친 부분에 들어갈 알맞은 단어를 찾아 쓰세요. 그다음, 쓴 단어를 가림판으로 가리고 기억하여 쓴 후, 맞게 썼는지 확인해 봅시다. 그리고 단어를 세 번 더 반복해서 써 봅시다.

보기

어이없었다, 없이, 가엾어, 난데없이

	기억하여 쓰기	반복 쓰기	반복 쓰기	반복 쓰기
3. ________ 고함소리가 들려 모두 깜짝 놀랐다.				
4. 주장이 반칙으로 퇴장을 당하게 되어 ________.				
5. 엄마를 잃은 신데렐라가 ________ 보였다.				
6. 하늘이 구름 한 점 ________ 파랗다.				

누적 연습 3

 다음 문장들의 단어에 알맞은 받침을 적어 넣은 후, 문장을 소리 내어 읽어 봅시다.

1. 경기에서 어이어이 지고 말았다.
2. 가여은 처지의 친구를 위로하였다.
3. 그는 난데어이 소리를 질렀다.
4. 그는 아무 말도 어었다.

 위에서 완성한 단어들을 같은 어미를 가진 단어끼리 분류해 봅시다. 그다음, 어미별로 단어를 소리 내어 읽어 봅시다.

받침 ㅄ		
-이		
-은		
-었다		

누적 연습 4

빈칸에 알맞은 단어를 골라 적으세요.

1. 사소한 실수로 ________ 경기에 지고 말았다.

① 어이없이 ② 어이없시 ③ 어이었시 ④ 어이었이

2. 그처럼 착한 사람은 세상에 ________.

① 었서 ② 었어 ③ 없서 ④ 없어

다음 단어의 어간(변하지 않는 글자)에 ○를 치면서 단어를 읽어 보세요.

없 어	없 이	없 었 다
어 이 없 어	어 이 없 이	어 이 없 었 다
가 엾 어	가 엾 이	가 엾 었 다

누적 연습 5

다음 문장에서 틀린 한 곳을 찾아 밑줄을 그은 후 고쳐 쓰세요.

1. 지나가던 사람이 난데없시 시비를 걸었다.

   (   )

2. 돈이 업서 점심을 먹지 못했다.

   (   )

〈보기〉에서 밑줄 친 부분에 들어갈 알맞은 단어를 찾아 쓰세요. 그다음, 쓴 단어를 가림판으로 가리고 기억하여 쓴 후, 맞게 썼는지 확인해 봅시다. 그리고 단어를 세 번 더 반복해서 써 봅시다.

보기

어이없었다, 난데없이, 없었다, 가엾은

	기억하여 쓰기	반복 쓰기	반복 쓰기	반복 쓰기
3. 양치기 소년의 말을 더 이상 믿을 수 ________.				
4. 그는 조용한 교실에서 ________ 노래를 불렀다.				
5. 다 큰 아이가 우는 것을 보니 창피하고 ________.				
6. 지진으로 가족을 잃은 ________ 아이이다.				

누적 연습 6

 다음 문장들의 단어에 알맞은 받침을 적어 넣은 후, 문장을 소리 내어 읽어 봅시다.

1. 황당한 소문에 어이어었다.
2. 딱하고 가여어라.
3. 불쌍한 사람을 가여이 여기다.
4. 난데어이 벼락이 쳤다.

 위에서 완성한 단어들을 같은 어미를 가진 단어끼리 분류해 봅시다. 그다음, 어미별로 단어를 소리 내어 읽어 봅시다.

받침 ㅄ		
-어라		
-이		
-었다		

2) 겹받침 ㅎ 탈락 연음

누적 연습 1

빈칸에 알맞은 단어를 골라 적으세요.

1. 장마철이라 비가 ________ 내린다.

   ① 만이 ② 많이 ③ 마니 ④ 만히

2. 아끼던 지갑을 ________.

   ① 일어버렸다 ② 읽어버렸다 ③ 잃어버렸다 ④ 잊어버렸다

앞글자 받침과 뒷글자 'ㅇ'에 ○를 친 후, 받침 'ㅎ'에 ×표 하면서 읽어 보세요.

잃 어	잃 었 다	잃 은
곯 아	곯 았 다	곯 은
끊 어	끊 었 다	끊 은

누적 연습 2

다음 문장에서 틀린 한 곳을 찾아 밑줄을 그은 후 고쳐 쓰세요.

1. 판에 구멍을 뚤었다.

   (   )

2. 소매가 다 닭아 해지도록 그 옷을 입었다.

   (   )

〈보기〉에서 밑줄 친 부분에 들어갈 알맞은 단어를 찾아 쓰세요. 그다음, 쓴 단어를 가림판으로 가리고 기억하여 쓴 후, 맞게 썼는지 확인해 봅시다. 그리고 단어를 세 번 더 반복해서 써 봅시다.

보기

옳았다, 많았다, 싫었다, 닳았다

	기억하여 쓰기	반복 쓰기	반복 쓰기	반복 쓰기
3. 화장실에 사람들이 너무 ________.				
4. 밥이 먹기 ________.				
5. 신발이 거의 ________.				
6. 네 말이 다 ________.				

누적 연습 3

〈보기〉에서 빈칸에 알맞은 단어를 골라 적으세요.

보기

끓었다, 끌었다

1. 수레를 ______.

2. 물이 팔팔 ______.

다음 문장들의 단어에 알맞은 받침을 적어 넣은 후, 문장을 소리 내어 읽어 봅시다.

3. 신데렐라는 어려서 어머니를 이었다.

4. 음식 맛이 괜차았다.

5. 언니는 귀를 뚜었다.

6. 그 친구와는 연락을 끄었다.

위에서 완성한 단어들을 같은 받침을 가진 단어끼리 분류해 봅시다. 그다음, 받침별로 단어를 소리 내어 읽어 봅시다.

받침	-었다/았다	
받침 ㄴㅎ		
받침 ㄹㅎ		

누적 연습 4

빈칸에 알맞은 단어를 골라 적으세요.

1. 개구쟁이이던 아이가 갑자기 ________ 것 같다.

   ① 점잔아진 ② 점잖아진 ③ 점잟아진 ④ 점잖나진

2. 컴퓨터 게임을 ________ 한다.

   ① 끊어야 ② 끈어야 ③ 끓어야 ④ 끝어야

앞글자 받침과 뒷글자 'ㅇ'에 ○를 친 후, 받침 'ㅎ'에 ×표 하면서 읽어 보세요.

끓어	끓었다	끓은
닳아	닳았다	닳은
뚫어	뚫었다	뚫은

누적 연습 5

다음 문장에서 틀린 한 곳을 찾아 밑줄을 그은 후 고쳐 쓰세요.

1. 비가 와서 나가기가 실어요.

   (   )

2. 초보운전치고는 꽤 괜찬은 실력이다.

   (   )

〈보기〉에서 밑줄 친 부분에 들어갈 알맞은 단어를 찾아 쓰세요. 그다음, 쓴 단어를 가림판으로 가리고 기억하여 쓴 후, 맞게 썼는지 확인해 봅시다. 그리고 단어를 세 번 더 반복해서 써 봅시다.

보기

싫어서, 곯아서, 않아서, 뚫어

	기억하여 쓰기	반복 쓰기	반복 쓰기	반복 쓰기
3. 아이가 잘 먹지 ________ 걱정이다.				
4. 일어나기 ________ 침대에 계속 누워 있었다.				
5. 사과가 ________ 못 먹었다.				
6. 얼음에 구멍을 ________ 낚시를 했다.				

누적 연습 6

 〈보기〉에서 빈칸에 알맞은 단어를 골라 적으세요.

보기
실었다, 싫었다

1. 너무 추워서 나가기 ______.

2. 짐을 수레에 가득 ______.

 다음 문장들의 단어에 알맞은 받침을 적어 넣은 후, 문장을 소리 내어 읽어 봅시다.

3. 감기를 아아서 살이 빠졌다.
4. 길을 이어서 한참 헤맸다.
5. 이마가 펄펄 끄어서 병원에 갔다.
6. 이빨을 뽑기가 시었다.

 위에서 완성한 단어들을 같은 어미를 가진 단어끼리 분류해 봅시다. 그다음, 어미별로 단어를 소리 내어 읽어 봅시다.

	받침 ㅀ		
-아서/어서			
-았다/었다			

누적 연습 7

빈칸에 알맞은 단어를 골라 적으세요.

1. 밖에 나가기 ________ 동생이 자꾸 나가자고 한다.

   ① 실은데 ② 시른데 ③ 싥은데 ④ 싫은데

2. 아무리 힘들어도 끝까지 포기하지 ________.

   ① 않았다 ② 앉았다 ③ 않아다 ④ 안았다

앞글자 받침과 뒷글자 'ㅇ'에 ○를 친 후, 받침 'ㅎ'에 ×표 하면서 읽어 보세요.

많 아	많 았 다	많 은
싫 어	싫 었 다	싫 은
않 아	않 았 다	않 은

누적 연습 8

 다음 문장에서 틀린 한 곳을 찾아 밑줄을 그은 후 고쳐 쓰세요.

1. 내가 싫어하는 사람과 같이 놀고 싶지 안다.

   (   )

2. 키우던 강아지를 일어버렸다.

   (   )

〈보기〉에서 밑줄 친 부분에 들어갈 알맞은 단어를 찾아 쓰세요. 그다음, 쓴 단어를 가림판으로 가리고 기억하여 쓴 후, 맞게 썼는지 확인해 봅시다. 그리고 단어를 세 번 더 반복해서 써 봅시다.

보기

끓은, 많은, 앓은, 괜찮은

	기억하여 쓰기	반복 쓰기	반복 쓰기	반복 쓰기
3. 감기를 ________ 후 살이 빠졌다.				
4. 물이 ________ 후 라면을 넣었다.				
5. 공연을 보러 ________ 사람이 모였다.				
6. 그는 성격이 ________ 편이다.				

누적 연습 9

 〈보기〉에서 빈칸에 알맞은 단어를 골라 적으세요.

보기

달아서, 닳아서

1. 이 과자는 너무 [ ] 못 먹겠다.
2. 이 옷은 너무 [ ] 새 옷을 사야겠다.

 다음 문장들의 단어에 알맞은 받침을 적어 넣은 후, 문장을 소리 내어 읽어 봅시다.

3. 파도가 이어 배가 흔들렸다.
4. 코를 심하게 고아서 시끄러웠다.
5. 그는 아무 말도 하지 아았다.
6. 신발이 너무 다아서 새 신발을 마련했다.

 위에서 완성한 단어들을 같은 받침을 가진 단어끼리 분류해 봅시다. 그다음, 받침별로 단어를 소리 내어 읽어 봅시다.

받침 ㄶ		
받침 ㄹ		
받침 ㅀ		

누적 연습 10

빈칸에 알맞은 단어를 골라 적으세요.

1. 이것은 아직 사용하지 ________ 공책이다.

① 안은　② 앉은　③ 않은　④ 안흔

2. 나의 판단이 틀리고, 그의 판단이 ________.

① 올았다　② 옳았다　③ 옭았다　④ 옳았다

앞글자 받침과 뒷글자 'ㅇ'에 ○를 친 후, 받침 'ㅎ'에 ×표 하면서 읽어 보세요.

옳 아	옳 았 다	옳 은
앓 아	앓 았 다	앓 은
잃 어	잃 었 다	잃 은

누적 연습 11

다음 문장에서 틀린 <u>두 곳</u>을 찾아 밑줄을 그은 후 고쳐 쓰세요.

1. 공원에는 사람들이 생각보다 많치 안았다.

   (   ), (   )

2. 점잔은 사람은 그런 나쁜 행동을 하지 안는다.

   (   ), (   )

〈보기〉에서 밑줄 친 부분에 들어갈 알맞은 단어를 찾아 쓰세요. 그다음, 쓴 단어를 가림판으로 가리고 기억하여 쓴 후, 맞게 썼는지 확인해 봅시다. 그리고 단어를 세 번 더 반복해서 써 봅시다.

보기

끊어서, 앓아서, 뚫어서, 점잖아서

	기억하여 쓰기	반복 쓰기	반복 쓰기	반복 쓰기
3. 병을 ________ 학교에 나오지 못한다.				
4. 그는 ________ 그런 나쁜 일을 할 사람이 아니다.				
5. 막힌 하수구를 ________ 이제는 물이 잘 내려간다.				
6. 우유 배달을 ________ 이제는 슈퍼마켓에서 사야 한다.				

누적 연습 12

 〈보기〉에서 빈칸에 알맞은 단어를 골라 적으세요.

보기

앓았다, 알았다

1. 그 단어의 뜻을 .

2. 그는 감기가 걸려서 심하게 .

 다음 문장들의 단어에 알맞은 받침을 적어 넣은 후, 문장을 소리 내어 읽어 봅시다.

3. 아이를 꼭 아았다.
4. 주스가 너무 다아서 못 마시겠다.
5. 길을 이어 헤맸다.
6. 연시가 고아서 먹을 수 없다.

 위에서 완성한 단어들을 같은 받침을 가진 단어끼리 분류해 봅시다. 그다음, 받침별로 단어를 소리 내어 읽어 봅시다.

받침 ㄴ

받침 ㄹ

받침 ㅀ

3) 겹받침 축약

누적 연습 1

 빈칸에 알맞은 단어를 골라 적으세요.

1. 지갑을 ________ 않도록 조심해라.

   ① 잃지　　② 잃치　　③ 읽지　　④ 일치

2. 아빠께서 담배를 ________ 위해 노력하신다.

   ① 끈기　　② 끊키　　③ 끊기　　④ 끓기

앞글자의 겹받침 중 'ㅎ'과 뒷글자 ㄷ 또는 ㄱ에 ○를 치고 둘을 합쳐서 읽어 보세요.

닳 다	닳 던	닳 고
뚫 다	뚫 던	뚫 고
많 다	많 던	많 고

누적 연습 2

다음 문장에서 틀린 한 곳을 찾아 밑줄을 그은 후 고쳐 쓰세요.

1. 그는 점잖케 말하고 행동했다.

   (　　　　　　　　　　)

2. 무릎을 꿀고 잘못을 빌었다.

   (　　　　　　　　　　)

〈보기〉에서 밑줄 친 부분에 들어갈 알맞은 단어를 찾아 쓰세요. 그다음, 쓴 단어를 가림판으로 가리고 기억하여 쓴 후, 맞게 썼는지 확인해 봅시다. 그리고 단어를 세 번 더 반복해서 써 봅시다.

보기

옳지, 끊지, 뚫지, 잃지

	기억하여 쓰기	반복 쓰기	반복 쓰기	반복 쓰기
3. 그들이 희망을 ＿＿＿＿ 않도록 응원하겠다.				
4. 창이 방패를 ＿＿＿＿ 못했다.				
5. 그는 아직 담배를 ＿＿＿＿ 못했다.				
6. 거짓말을 하는 것은 ＿＿＿＿ 않다.				

누적 연습 3

 〈보기〉에서 빈칸에 알맞은 단어를 골라 적으세요.

보기

일고, 잃고

1. 파도가 거세게 ______ 있었다.

2. 길을 ______ 헤맸다.

 다음 문장들의 단어에 알맞은 받침을 적어 넣은 후, 문장을 소리 내어 읽어 봅시다.

3. 그는 욕심이 마게 생겼다.
4. 그에 대한 소문이 심심차게 들린다.
5. 너무 무리해서 감기를 아게 되었다.
6. 국이 좀 더 끄게 그대로 두어라.

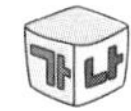 위에서 완성한 단어들을 같은 받침을 가진 단어끼리 분류해 봅시다. 그다음, 받침별로 단어를 소리 내어 읽어 봅시다.

받침 ㄴㅎ		
받침 ㄹㅎ		

누적 연습 4

빈칸에 알맞은 단어를 골라 적으세요.

1. 돈을 모두 ________ 집으로 돌아왔다.

① 잃자 ② 읽자 ③ 잃자 ④ 일차

2. 구두 굽이 ________ 열심히 신고 다녔다.

① 닳도록 ② 달토록 ③ 닳도록 ④ 닮도록

앞글자의 겹받침 중 'ㅎ'과 뒷글자 'ㄷ'에 ○를 치고, 둘을 합쳐서 'ㅌ' 소리로 바꾸면서 읽어 보세요.

괜찮다	괜찮던
끊다	끊던
끓다	끓던

누적 연습 5

다음 문장에서 틀린 한 곳을 찾아 밑줄을 그은 후 고쳐 쓰세요.

1. 물이 끓차 전기포트가 자동으로 꺼졌다.

   (　　　　　　　　　　)

2. 옭고 그른 것은 따져 봐야 한다.

   (　　　　　　　　　　)

〈보기〉에서 밑줄 친 부분에 들어갈 알맞은 단어를 찾아 쓰세요. 그다음, 쓴 단어를 가림판으로 가리고 기억하여 쓴 후, 맞게 썼는지 확인해 봅시다. 그리고 단어를 세 번 더 반복해서 써 봅시다.

보기

앓던, 점잖던, 많던, 잃던

	기억하여 쓰기	반복 쓰기	반복 쓰기	반복 쓰기
3. 그 ________ 과자를 다 먹었니?				
4. 오랫동안 ________ 이를 빼다.				
5. ________ 아이가 왜 이렇게 짓궂어졌니?				
6. 부하를 ________ 날, 그는 절망하였다.				

누적 연습 6

 〈보기〉에서 빈칸에 알맞은 단어를 골라 적으세요.

보기

않고, 안고

1. 잠을 자지 ________ 공부를 하였다.
2. 아이를 꼭 ________ 다녔다.

 다음 문장들의 단어에 알맞은 받침을 적어 넣은 후, 문장을 소리 내어 읽어 봅시다.

3. 몸살을 아고 살이 빠졌다.
4. 귀를 뚜고 귀걸이를 하고 싶다.
5. 오늘은 구름이 마고 흐리다.
6. 찌개가 보글보글 끄고 있다.

 위에서 완성한 단어들을 같은 받침을 가진 단어끼리 분류해 봅시다. 그다음, 받침별로 단어를 소리 내어 읽어 봅시다.

받침 ㄶ			
받침 ㅀ			

누적 연습 7

빈칸에 알맞은 단어를 골라 적으세요.

1. 나만 ________ 생각은 버리자.

   ① 올타는 ② 옳타는 ③ 옳다는 ④ 옮다는

2. 숙제하지 ________ 뭐하니?

   ① 안고 ② 않고 ③ 앉고 ④ 않코

다음 단어의 어간(변하지 않는 글자)에 ○를 치면서 단어를 읽어 보세요. 예를 들어, '많고'의 경우, 어간(변하지 않는 글자)인 '많'에 ○를 치세요.

심 심 찮 고	심 심 찮 게	심 심 찮 지
싫 고	싫 게	싫 지
않 고	않 게	않 지

누적 연습 8

다음 문장에서 틀린 한 곳을 찾아 밑줄을 그은 후 고쳐 쓰세요.

1. 전화를 끈차마자 서둘러 집을 나섰다.

   (　　　　　　　　　　)

2. 밥은 먹지 안고 우유만 마셨다.

   (　　　　　　　　　　)

〈보기〉에서 밑줄 친 부분에 들어갈 알맞은 단어를 찾아 쓰세요. 그다음, 쓴 단어를 가림판으로 가리고 기억하여 쓴 후, 맞게 썼는지 확인해 봅시다. 그리고 단어를 세 번 더 반복해서 써 봅시다.

보기

옳고, 끊고, 않고, 점잖고

	기억하여 쓰기	반복 쓰기	반복 쓰기	반복 쓰기
3. 나는 포기하지 ________ 끝까지 달렸다.				
4. 그는 ________ 예의 바른 사람이다.				
5. ________ 그름을 판단하다.				
6. 그는 연락을 ________ 사라졌다.				

누적 연습 9

 〈보기〉에서 빈칸에 알맞은 단어를 골라 적으세요.

보기

알게, 앓게

1. 숙제가 있었다는 것을 ☐ 되었다.
2. 비를 맞아서 감기를 ☐ 되었다.

 다음 문장들의 단어에 알맞은 받침을 적어 넣은 후, 문장을 소리 내어 읽어 봅시다.

3. 연시가 오래돼서 고다.
4. 달리기에 1등하여 결승테이프를 끄다.
5. 나는 추워서 밖에 나가기 시다.
6. 오늘은 컨디션이 괜차다.

 위에서 완성한 단어들을 같은 받침을 가진 단어끼리 분류해 봅시다. 그다음, 받침별로 단어를 소리 내어 읽어 봅시다.

받침 ㄶ		
받침 ㅀ		

누적 연습 10

빈칸에 알맞은 단어를 골라 적으세요.

1. 그는 ________ 당당한 목소리로 말하였다.

   ① 점잔고도 ② 점잖고도 ③ 점잖코도 ④ 점잚고도

2. 부모님의 은혜를 잊지 ________.

   ① 않겠습니다 ② 안겠습니다 ③ 앉겠습니다 ④ 않겠습니다

앞글자의 겹받침 중 'ㅎ'과 뒷글자 'ㄱ'에 ○를 치고, 둘을 합쳐서 'ㅋ' 소리로 바꾸면서 읽어 보세요.

않 고	않 게
옳 고	옳 게
잃 고	잃 게

누적 연습 11

다음 문장에서 틀린 두 곳을 찾아 밑줄을 그은 후 고쳐 쓰세요.

1. 물이 끊기 시작하자 라면을 넜었다.

   (   ), (   )

2. 아직도 담배를 끊치 안았니?

   (   ), (   )

다음 단어의 어간(변하지 않는 글자)에 ○를 치면서 단어를 읽어 보세요. 예를 들어, '많고'의 경우, 어간(변하지 않는 글자)인 '많'에 ○를 치세요.

괜찮고	괜찮게	괜찮지
끊고	끊게	끊지
끓고	끓게	끓지

누적 연습 12

 〈보기〉에서 빈칸에 알맞은 단어를 골라 적으세요.

보기

끌도록, 끓도록

1. 너는 수레를 하여라.

2. 김치찌개가 보글보글 두세요.

 다음 문장들의 단어에 알맞은 받침을 적어 넣은 후, 문장을 소리 내어 읽어 봅시다.

3. 동해물과 백두산이 마르고 다도록 시간이 흘렀다.
4. 길을 잃지 아도록 조심하여라.
5. 물이 펄펄 끄도록 그냥 놔 두어라.
6. 게임을 끄도록 노력하자.

 위에서 완성한 단어들을 같은 받침을 가진 단어끼리 분류해 봅시다. 그다음, 받침별로 단어를 소리 내어 읽어 봅시다.

받침 ㄴㅎ		
침 ㄹㅎ		

4) 겹받침 비음화

누적 연습 1

 빈칸에 알맞은 단어를 골라 적으세요.

1. ________ 소문을 들으니 어이가 없다.

① 터무니었는 ② 터무니엄는 ③ 터무니없는 ④ 터무니업는

2. 오늘 날씨가 ________?

① 맑니 ② 맑니 ③ 망니 ④ 맒니

앞글자 받침 'ㄺ'과 뒷글자 'ㄴ'에 ○를 치면서 읽어 보세요.

늙 니	늙 는	늙 는 데
긁 니	긁 는	긁 는 데
읽 니	읽 는	읽 는 데

누적 연습 2

다음 문장에서 틀린 한 곳을 찾아 밑줄을 그은 후 고쳐 쓰세요.

1. 연체동물은 뼈가 업는 동물이다.

   (   )

2. 너는 책을 얼마나 잘 읽니?

   (   )

〈보기〉에서 밑줄 친 부분에 들어갈 알맞은 단어를 찾아 쓰세요. 그다음, 쓴 단어를 가림판으로 가리고 기억하여 쓴 후, 맞게 썼는지 확인해 봅시다. 그리고 단어를 세 번 더 반복해서 써 봅시다.

보기

읽는, 없는, 긁는, 터무니없는

	기억하여 쓰기	반복 쓰기	반복 쓰기	반복 쓰기
3. 책을 ________ 모습이 보기 좋다.				
4. 아무도 ________ 텅 빈 집을 혼자 지켰다.				
5. 그는 ________ 거짓말을 했다.				
6. 얼굴을 ________ 원숭이 흉내를 냈다.				

누적 연습 3

 다음 문장들의 단어에 알맞은 받침을 적어 넣은 후, 문장을 소리 내어 읽어 봅시다.

1. 터무니어는 거짓말
2. 어이어는 실수
3. 틀림어는 사실
4. 난데어는 고함 소리

위에서 완성한 단어들을 다음 빈칸에 쓴 후, 단어의 어간(변하지 않는 글자)에 ○를 치면서 단어를 읽어 보세요.

누적 연습 4

빈칸에 알맞은 단어를 골라 적으세요.

1. 가려워서 ________?

① 긍니 ② 긃니 ③ 긁니 ④ 긇니

2. 말도 안 되는 소문에 ________ 표정을 지었다.

① 어이업는 ② 어이엄는 ③ 어이없은 ④ 어이없는

앞글자 받침 'ㅄ'과 뒷글자 'ㄴ'에 ○를 치면서 읽어 보세요.

없니	없는	없는데
어이없니	없이없는	어이없는데
난데없니	난데없는	난데없는데

누적 연습 5

다음 문장에서 틀린 한 곳을 찾아 밑줄을 그은 후 고쳐 쓰세요.

1. 사람은 누구나 능는다.

   (   )

2. 자전거 페달을 밟는데 힘이 들었다.

   (   )

〈보기〉에서 밑줄 친 부분에 들어갈 알맞은 단어를 찾아 쓰세요. 그다음, 쓴 단어를 가림판으로 가리고 기억하여 쓴 후, 맞게 썼는지 확인해 봅시다. 그리고 단어를 세 번 더 반복해서 써 봅시다.

보기

긁는다, 밟는다, 늙는다, 읽는다

	기억하여 쓰기	반복 쓰기	반복 쓰기	반복 쓰기
3. 오르막길을 오르기 위해 열심히 페달을 ________.				
4. 등이 가려워서 ________.				
5. 사람은 나이가 들면 ________.				
6. 책을 열심히 ________.				

누적 연습 6

 다음 문장들의 단어에 알맞은 받침을 적어 넣은 후, 문장을 소리 내어 읽어 봅시다.

1. 등을 그는다.
2. 사람은 느는다.
3. 책을 이는다.
4. 물고기를 나는다.

 위에서 완성한 단어들을 같은 받침을 가진 단어끼리 분류해 봅시다. 그다음, 받침별로 단어를 소리 내어 읽어 봅시다.

받침	-는다		
받침 ㄲ			
받침 ㄺ			

누적 연습 7

빈칸에 알맞은 단어를 골라 적으세요.

1. 얼굴이 왜 이렇게 ________?

   ① 붉니　　② 붕니　　③ 붉니　　④ 북니

2. ________ 영화를 보다가 졸았다.

   ① 재미업는　　② 재미없는　　③ 재미업는　　④ 재미었는

앞글자 받침 'ㅄ'과 뒷글자 'ㄴ'에 ○를 치면서 읽어 보세요.

터 무 니 없 니	터 무 니 없 는	터 무 니 없 는 데
틀 림 없 니	틀 림 없 는	틀 림 없 는 데
재 미 없 니	재 미 없 는	재 미 없 는 데

누적 연습 8

다음 문장에서 틀린 한 곳을 찾아 밑줄을 그은 후 고쳐 쓰세요.

1. 차를 멈추기 위해 브레이크를 밞는다.

   (　　　　　　　　　　)

2. 효자손은 등을 긇는 데 사용한다.

   (　　　　　　　　　　)

〈보기〉에서 밑줄 친 부분에 들어갈 알맞은 단어를 찾아 쓰세요. 그다음, 쓴 단어를 가림판으로 가리고 기억하여 쓴 후, 맞게 썼는지 확인해 봅시다. 그리고 단어를 세 번 더 반복해서 써 봅시다.

보기

붉니, 가엾니, 밝니, 굵니

	기억하여 쓰기	반복 쓰기	반복 쓰기	반복 쓰기
3. 네 머리가 빨간머리앤처럼 이렇게 ______?				
4. 내 다리가 너보다 ______?				
5. 어미를 잃은 강아지가 얼마나 ______?				
6. 보름달이 어쩌면 이렇게 ______?				

누적 연습 9

다음 문장들의 단어에 알맞은 받침을 적어 넣은 후, 문장을 소리 내어 읽어 봅시다.

1. 꽃이 부니?
2. 다리가 구니?
3. 날씨가 마니?
4. 달이 바니?

위에서 완성한 단어들을 다음 빈칸에 쓴 후, 단어의 어간(변하지 않는 글자)에 ○를 치면서 단어를 읽어 보세요.

정답지

I. 받침 없는 단어 및 철자 연습 워크북

1. 기본 자음과 기본 모음으로 구성된 단어

〈누적 연습 1〉

1. 거, 2. 그, 3. 고기, 4. 고기, 5. 기구, 6. 가구, 7. 거기, 8. 가구, 9. 고기

〈누적 연습 2〉

1. 마, 2. 므, 3. 모기, 4. 모기, 5. 거미, 6. 가마, 7. 고모, 8. 가마, 9. 거미

〈누적 연습 3〉

1. 노, 2. 너, 3. 누나, 4. 누가, 5. 누나, 6. 나누기, 7. 나무, 8. 나무, 9. 누나

〈누적 연습 4〉

1. 로, 2. 러, 3. 로마, 4. 가르다, 5. 로마, 6. 마루, 7. 거리, 8. 마루, 9. 로마

〈누적 연습 5〉

1. 디, 2. 두, 3. 다리미, 4. 드라마, 5. 다리미, 6. 더디다, 7. 다시, 8. 다리미, 9. 드라마

〈누적 연습 6〉

1. 수, 2. 사, 3. 스무, 4. 시소, 5. 스무, 6. 사다리, 7. 소수, 8. 사다리, 9. 시소

〈누적 연습 7〉

1. 아, 2. 오, 3. 우기다, 4. 우기다, 5. 어기다, 6. 이기다, 7. 오이, 8. 이기다, 9. 오이

〈누적 연습 8〉

1. 버, 2. 부, 3. 비우다, 4. 비비다, 5. 누비다, 6. 비우다, 7. 보도, 8. 비비다, 9. 비우다

〈누적 연습 9〉

1. 저, 2. 즈, 3. 저지르다, 4. 저지르다, 5. 저고리, 6. 자주, 7. 주저주저, 8. 저고리

〈누적 연습 10〉

1. 추, 2. 차, 3. 치즈, 4. 초대, 5. 차도, 6. 치즈, 7. 처리, 8. 차도, 9. 치즈

〈누적 연습 11〉

1. 코, 2. 키, 3. 코스모스, 4. 커지다, 5. 카드, 6. 코스모스, 7. 크리스마스, 8. 카드, 9. 코스모스

〈누적 연습 12〉

1. 타, 2. 토, 3. 투표하다, 4. 타고나다, 5. 터지다, 6. 토라지다, 7. 투표하다, 8. 터지다, 9. 투표하다

〈누적 연습 13〉

1. 피, 2. 푸, 3. 퍼지다, 4. 프로, 5. 퍼지다, 6. 푸다, 7. 포기하다, 8. 푸다

〈누적 연습 14〉

1. 호, 2. 하, 3. 흐르다, 4. 하수도, 5. 호소하다, 6. 후비다, 7. 흐르다, 8. 후비다, 9. 흐르다

2. 된소리 자음과 모음으로 구성된 단어

〈누적 연습 1〉

1. ①, 2. ②, 3. 모래, 4. 꺼내다, 5. 떼다, 6. 어저께, 7. 배추, 8. 타워, 9. 데이지

〈누적 연습 2〉

1. 배우다, 2. 씌우다, 3. 세수, 게으르다, 4. 뉴스, 데이터, 5. 그네, 6. 조개, 7. 샤프, 8. 배우, 9. 쇄도, 10. 세제, 11. 지폐

〈누적 연습 3〉

1. ②, 2. ①, 3. 짜내다, 4. 데치다, 5. 희미하다, 6. 하얘지다, 7. 야구, 8. 찌개, 9. 메모

〈누적 연습 4〉

1. 스위치, 2. 조미료, 3. 들리겠지만, 꾸며 낸, 4. 또다시, 보냈다, 5. 화채, 6. 누에, 7. 샤워, 8. 요가, 9. 아저씨, 10. 위로, 11. 무늬

〈누적 연습 5〉

1. ③, 2. ②, 3. 배다, 4. 의류, 5. 왜소하다, 6. 에너지, 7. 외투, 8. 메뚜기, 9. 스웨터

〈누적 연습 6〉

1. 뭐라고, 2. 휴대, 3. 친구에게, 얘기한다, 4. 보호해야, 의무, 5. 병따개, 6. 지게, 7. 웨하스, 8. 너희, 9. 어디에, 10. 메운, 11. 떼

〈누적 연습 7〉

1. ①, 2. ①, 3. 자유, 4. 예외, 5. 의무, 6. 서류, 7. 허리띠, 8. 메뚜기, 9. 뼈대

〈누적 연습 8〉

1. 데워지다, 2. 아저씨, 3. 개교, 크게, 4. 폐지, 재활용하다, 5. 아저씨, 6. 왜가리, 7. 과자, 8. 메아리, 9. 무늬, 10. 헤매다, 11. 메뚜기

〈누적 연습 9〉

1. ②, 2. ②, 3. 그래야, 4. 폐지, 5. 새해, 6. 오페라, 7. 지폐, 8. 주유소, 9. 까치

〈누적 연습 10〉

1. 데우다, 2. 씌우다, 3. 머리띠, 4. 드레스, 5. 다리뼈, 6. 타워, 7. 에워싸다, 8. 야수, 9. 뼈대

〈누적 연습 11〉

1. ②, 2. ①, 3. 모래, 4. 떼다, 5. 꺼내다, 6. 어저께, 7. 휴지, 8. 떼, 9. 제사

II. 홑받침 단어 및 철자 연습 워크북

1. 대표음으로 발음되는 홑받침 단어

〈누적 연습 1〉

1. ①, 2. ①, 3. 묻다, 4. 익다, 5. 솟다, 6. 엮다

〈누적 연습 2〉

1. 잡다, 2. 짓다, 3. 뱉다, 4. 젓다, 5. 붓다, 6. 돋다

〈누적 연습 3〉

1. 붙다, 2. 막다, 3. 닦다, 4. 벗다

〈누적 연습 4〉

1. 잊다, 2. 잇다, 3. ③

〈누적 연습 5〉

1. ②, 2. ②, 3. 맡다, 4. 꼽다, 5. 좇다, 6. 깎다

〈누적 연습 6〉

1. 닦다, 2. 접다, 3. 긋다, 4. 빗다, 5. 찢다, 6. 묶다

〈누적 연습 7〉
1. 낫다, 2. 식다, 3. 깊다, 4. 집다

〈누적 연습 8〉
1. 있다, 2. 잊다, 3. ①

〈누적 연습 9〉
1. ②, 2. ②, 3. 잇다, 4. 같다, 5. 싶다, 6. 붙다

〈누적 연습 10〉
1. 낚다, 2. 맞다, 3. 짚다, 4. 엮다, 5. 젖다, 6. 녹다

〈누적 연습 11〉
1. 붓다, 2. 먹다, 3. 받다, 4. 묶다

〈누적 연습 12〉
1. 빗다, 2. 빚다, 3. ④

〈누적 연습 13〉
1. ①, 2. ③, 3. 막다, 4. 돕다, 5. 빚다, 6. 깁다

〈누적 연습 14〉
1. 얕보다, 2. 쫓다, 3. 찍다, 4. 쉽다, 5. 갚다, 6. 묵다

〈누적 연습 15〉
1. 볶다, 2. 젓다, 3. 익다, 4. 꽂다

〈누적 연습 16〉
1. 붓다, 2. 붙다, 3. ①

2. 음운 변동이 적용되는 홑받침 단어

1) 홑받침 연음

〈누적 연습 1〉
1. ②, 2. ③

〈누적 연습 2〉
1. 맡아, 2. 씻은, 엎어, 3. 묶음, 받았다, 4. 헐었다, 5. 찢었다, 6. 식었다, 7. 뱉었다

〈누적 연습 3〉
1. 뜯음, 2. 뱉음, 3. 맡음, 4. 돋음

〈누적 연습 4〉
1. ②, 2. ①

〈누적 연습 5〉
1. 씹었다, 2. 빚어서, 3. 씻은, 엎어, 4. 묶음, 받았다, 5. 얼어서, 6. 약아서, 7. 높아서, 8. 쫓아서

〈누적 연습 6〉
1. 갚음, 2. 짚음, 3. 접음, 4. 집음

〈누적 연습 7〉
1. ②, 2. ①

〈누적 연습 8〉
1. 뜯었다, 2. 박았다, 3. 늦게, 잊어버렸다, 4. 높이, 솟은, 5. 접었다, 6. 얻었다, 7. 싫었다, 8. 얼었다

〈누적 연습 9〉
1. 낚음, 2. 묶음, 3. 박음, 4. 막음

〈누적 연습 10〉
1. ③, 2. ①

〈누적 연습 11〉
1. 졸음운전, 2. 헐었다, 3. 늦잠, 늦었다, 4. 굳게, 믿었다, 5. 익음, 6. 집음, 7. 잊음, 8. 궂음

〈누적 연습 12〉
1. 엮어서, 2. 볶아서, 3. 찍어서, 4. 익어서

〈누적 연습 13〉

1. ①, 2. ④

〈누적 연습 14〉

1. 깊이, 2. 약아서, 3. 잊어버려서, 시간을, 4. 깨끗이, 씻어서, 5. 집음, 6. 잊음, 7. 궂음, 8. 같음

〈누적 연습 15〉

1. 웃음, 2. 믿음, 3. 솟음, 4. 빗음

〈누적 연습 16〉

1. ①, 2. ②

〈누적 연습 17〉

1. 찍었다, 2. 달아났다, 3. 씹어서, 밑에, 4. 속아서, 잊어버렸다, 5. 솟음, 6. 속음, 7. 곧음, 8. 꼽음

〈누적 연습 18〉

1. 늦음, 2. 꽂음, 3. 내쫓음, 4. 쫓아감

〈누적 연습 19〉

1. ②, 2. ①

〈누적 연습 20〉

1. 맡아, 2. 헐었다, 3. 벗어서, 올려놓았다, 4. 맛있는, 맡아서, 5. 굳었다, 6. 품었다, 7. 물었다, 8. 쫓았다

〈누적 연습 21〉

1. 찢어서, 2. 쫓아서, 3. 빚어서

〈누적 연습 22〉

1. ③, 2. ①

〈누적 연습 23〉

1. 붙어, 2. 꼽으며, 3. 씹어, 먹였다, 4. 못을, 박았다, 5. 굽은, 6. 남은, 7. 젖은, 8. 깊은

〈누적 연습 24〉

1. 낮음, 2. 뱉음, 3. 젖음, 4. 맡음

〈누적 연습 25〉

1. ②, 2. ④

〈누적 연습 26〉

1. 묵음, 2. 맞아, 3. 좋아서, 믿었다, 4. 맞아, 늦잠을, 5. 믿었다, 6. 뱉었다, 7. 먹었다, 8. 맞았다

〈누적 연습 27〉

1. 맺었다, 2. 믿었다, 3. 뜯었다, 4. 궂었다

〈누적 연습 28〉

1. 깊어, 2. 뜯어서, 3. 받아서, 좋았다, 4. 씻은, 먹어야, 5. 입어서, 6. 뺀어서, 7. 같아서, 8. 남아서

〈누적 연습 29〉

1. 빼어서, 2. 뻗어서, 3. 받아서, 4. 웃어서

〈누적 연습 30〉

1. 붙어서, 2. 잊어서, 3. 맞아서, 4. 맡아서

〈누적 연습 31〉

1. 붙잡았다, 2. 낚았다, 3. 돋았다, 4. 뜯었다

2) 홑받침 ㅎ 탈락

〈누적 연습 1〉

1. ③, 2. ②

〈누적 연습 2〉

1. 놓은, 2. 쌓은, 3. 쌓아, 4. 낳아, 5. 넣어, 6. 땋아

〈누적 연습 3〉

1. 넣은, 2. 좋아, 3 올려놓은, 4. 넣었다

〈누적 연습 4〉
1. ③, 2. ①

〈누적 연습 5〉
1. 땋은, 2. 놓았다, 3. 놓았다, 4. 쌓았다. 5. 빻았다. 6. 찧었다

〈누적 연습 6〉
1. 빻아, 2. 낳은, 3. 놓았다, 4. 땋은

〈누적 연습 7〉
1. ②, 2. ②

〈누적 연습 8〉
1. 넣었다, 2. 빻아, 3. 낳은, 4. 놓은, 5. 좋은, 6. 땋은

〈누적 연습 9〉
1. 찧었다, 2. 쌓아, 3. 넣은, 4. 낳아

〈누적 연습 10〉
1. ③, 2. ②

3) 홑받침 축약

〈누적 연습 1〉
1. ③, 2. ③

〈누적 연습 2〉
1. 찧지, 2. 쌓도록, 3. 놓다, 4. 찧다, 5. 좋다, 6. 넣다

〈누적 연습 3〉
1. 낳다, 2. 났다, 3. 놓고, 4. 찧지, 5. 넣도록, 6. 빻고

〈누적 연습 4〉
1. ①, 2. ③

〈누적 연습 5〉
1. 땋지, 2. 놓자, 3. 놓고, 4. 쌓고, 5. 넣고, 6. 낳고

〈누적 연습 6〉
1. 찢다, 2. 찧다, 3. 넣지, 4. 낳고, 5. 쌓도록, 6. 넣고

〈누적 연습 7〉
1. ③, 2. ①

〈누적 연습 8〉
1. 넣지, 2. 넣게, 3. 놓지, 4. 좋지, 5. 넣지, 5. 찧지

〈누적 연습 9〉
1. 땄다, 2. 땋다, 3. 넣고, 4. 놓지, 5. 찧도록, 6. 땋고

〈누적 연습 10〉
1. ②, 2. ④

〈누적 연습 11〉
1. 쌌다, 2. 쌓다, 3. 낳고, 4. 쌓지, 5. 놓도록, 6. 넣고

4) 홑받침 비음화

〈누적 연습 1〉
1. ②, 2. ②

〈누적 연습 2〉
1. 잡는, 2. 짓는다, 3. 뱉는다, 4. 좇는다, 5. 붓는다, 6. 돋는다

〈누적 연습 3〉
1. 찼는데, 2. 찾는데, 3. 막는, 4. 닦는, 5. 쌓는, 6. 업는

〈누적 연습 4〉
1. ①, 2. ④

〈누적 연습 5〉

1. 엮는다, 2. 접는다, 3. 맡는다, 4. 꼽는다, 5. 젓는다, 6. 깎는다

〈누적 연습 6〉

1. 낫는다, 2. 낳는다, 3. 먹는다, 4 벗는다, 5. 받는다, 6. 묶는다

〈누적 연습 7〉

1. ①, 2. ②

〈누적 연습 8〉

1. 낚는, 2. 맞다, 3. 긋는다, 4. 찢는다, 5. 묶는다, 6. 집는다

〈누적 연습 9〉

1. 짚는다, 2 집는다, 3. 젓는다, 4. 막는다, 4. 섞는다, 6. 볶는다

〈누적 연습 10〉

1. ②, 2. ②

〈누적 연습 11〉

1. 닦는다면, 2. 좇는데, 3. 깊니, 4. 쌓니, 5. 싶니, 6. 볶니

〈누적 연습 12〉

1. 젖는다, 2. 젓는다, 3. 낚니, 4. 망가졌니, 5. 졌니, 6. 만들었니

〈누적 연습 13〉

1. ①, 2. ④

〈누적 연습 14〉

1. 일어났니, 2. 볶는, 3. 잊니, 4. 낫니, 5. 싶니, 6. 넣니

〈누적 연습 15〉

1. 맞는다, 2. 맡는다, 3. 겪는다, 4. 꽂는다, 5. 닫는다, 6. 갚는다

III. 겹받침 단어 및 철자 연습 워크북

1. 대표음으로 발음되는 겹받침 단어

〈누적 연습 1〉

1. ②, 2. ③, 3. 늙다, 4. 가라앉다, 5. 맑다, 6. 굶다

〈누적 연습 2〉

1. 어이없다, 2. 넓다, 3. 긁다, 4. 옮다

〈누적 연습 3〉

1. 읽다, 2. 익다, 3. ①, 4. ②

〈누적 연습 4〉

1. 닮다, 2. 읽다, 3. 끼얹다, 4. 붉다

〈누적 연습 5〉

1. 닭, 2. 떫다, 3. 가엾다, 4. 읽다, 5. 굵다, 6. 젊다

〈누적 연습 6〉

1. 맑다, 2. 막다, 3. ③, 4. ①

〈누적 연습 7〉

1. 굵다, 2. 앉다, 3. 삶다, 4. 밟다

〈누적 연습 8〉

1. 흙, 2. 삶다, 3. 넓다, 4. 없다, 5. 곪다, 6. 얹다

〈누적 연습 9〉

1. 박다, 2. 밝다, 3. ③, 4. ②

〈누적 연습 10〉

1. 밝다, 2. 가엾다, 3. 짧다, 4. 읊다

〈누적 연습 11〉

1. 밟다, 2. 엷다, 3. 끼얹다, 4. 닮다, 5. 붉다, 6. 짧다

〈누적 연습 12〉

1. 닮다, 2. 담다, 3. ③, 4. ①

〈누적 연습 13〉

1. 굵다, 2. 얇다, 3. 젊다, 4. 얹다

〈누적 연습 14〉

1. 값, 2. 곯다, 3. 어이없다, 4. 닮다, 5. 짧다, 6. 끼얹다

〈누적 연습 15〉

1. 묽다, 2. 묶다, 3. ②, 4. ①

〈누적 연습 16〉

1. 몫, 2. 넋, 3. 삯, 4. 삶

〈누적 연습 17〉

1. 굵다, 2. 짧다, 3. ③, 4. ①

2. 음운 변동이 적용되는 겹받침 단어

1) 겹받침 연음

(1) 겹받침 ㄺ, ㄵ, ㄼ, ㄻ + ‘ㅇ’ 시작 단어

〈누적 연습 1〉

1. ③, 2. ④

〈누적 연습 2〉

1. 맑아, 2. 굵은, 3. 밝아서, 4. 젊어, 5. 엷은, 6. 밟았다

〈누적 연습 3〉

1. 맑음, 2. 늙음, 3. 긁음, 4. 가라앉음

〈누적 연습 4〉

1. ③, 2. ④

〈누적 연습 5〉

1. 끼얹었다, 2. 읽어, 3. 낡아서, 4. 떫은, 5. 얇아서,
6. 곪았다

〈누적 연습 6〉

1. 낡아서, 2. 밝아서, 3. 끼얹어서, 4. 삶아서

〈누적 연습 7〉

1. ①, 2. ④

〈누적 연습 8〉

1. 졸음운전, 2. 헐었다, 3. 늙은, 4. 삶아, 5. 앉았다,
6. 밟아서는

〈누적 연습 9〉

1. 검붉은, 2. 닮은, 3. 굵은, 4. 옮은

〈누적 연습 10〉

1. ②, 2. ①

〈누적 연습 11〉
1. 밟았다, 2. 밝은, 3. 가라앉았다, 4. 닮으려고,
5. 굵은, 6. 엷어서

〈누적 연습 12〉
1. 짧아졌다, 2. 굵어졌다, 3. 넓어졌다, 4. 묽어졌다

(2) 겹받침 ㅄ + 'ㅇ' 시작 단어

〈누적 연습 1〉
1. ②, 2. ①

〈누적 연습 2〉
1. 없었다, 2. 가엾어, 3. 난데없이, 4. 어이없었다,
5. 가엾어, 6. 없이

〈누적 연습 3〉
1. 어이없이, 2. 가엾은, 3. 난데없이, 4. 없었다

〈누적 연습 4〉
1. ①, 2. ④

〈누적 연습 5〉
1. 난데없이, 2. 없어, 3. 없었다, 4. 난데없이,
5. 어이없었다, 6. 가엾은

〈누적 연습 6〉
1. 어이없었다, 2. 가엾어라, 3. 가엾이, 4. 난데없이

2) 겹받침 ㅎ 탈락 연음

〈누적 연습 1〉
1. ②, 2. ③

〈누적 연습 2〉
1. 뚫었다, 2. 닳아, 3. 많았다, 4. 싫었다, 5. 닳았다,
6. 옳았다

〈누적 연습 3〉
1. 끌었다, 2. 끓었다, 3. 잃었다, 4. 괜찮았다,
5. 뚫었다, 6. 끊었다

〈누적 연습 4〉
1. ②, 2. ①

〈누적 연습 5〉
1. 싫어요, 2. 괜찮은, 3. 않아서, 4. 싫어서,
5. 곯아서, 6. 뚫어

〈누적 연습 6〉
1. 싫었다, 2. 실었다, 3. 앓아서, 4. 잃어서,
5. 끓어서, 6. 싫었다

〈누적 연습 7〉
1. ④, 2. ①

〈누적 연습 8〉
1. 않다, 2. 잃어버렸다, 3. 앓은, 4. 끓은, 5. 많은,
6. 괜찮은

〈누적 연습 9〉
1. 달아서, 2. 닳아서, 3. 일어, 4. 골아서, 5. 앓았다,
6. 닳아서

〈누적 연습 10〉
1. ③, 2. ②

〈누적 연습 11〉
1. 많지, 않았다, 2. 점잖은, 않는다, 3. 앓아서,
4. 점잖아서, 5. 뚫어서, 6. 끊어서

〈누적 연습 12〉
1. 알았다, 2. 앓았다, 3. 안았다, 4. 달아서, 5. 잃어,
6. 곯아서

3) 겹받침 축약

〈누적 연습 1〉

1. ①, 2. ③

〈누적 연습 2〉

1. 점잖게, 2. 끓고, 3. 잃지, 4. 뚫지, 5. 끊지, 6. 옳지

〈누적 연습 3〉

1. 일고, 2. 잃고, 3. 많게, 4. 심심찮게, 5. 앓게, 6. 끓게

〈누적 연습 4〉

1. ①, 2. ③

〈누적 연습 5〉

1. 끓자, 2. 옳고, 3. 많던, 4. 앓던, 5. 점잖던, 6. 잃던

〈누적 연습 6〉

1. 않고, 2. 안고, 3. 앓고, 4. 뚫고, 5. 많고, 6. 끓고

〈누적 연습 7〉

1. ③, 2. ②

〈누적 연습 8〉

1. 끊자마자, 2. 않고, 3. 않고, 4. 점잖고, 5. 옳고,
6. 끊고

〈누적 연습 9〉

1. 알게, 2. 앓게, 3. 곯다, 4. 끊다, 5. 싫다, 6. 괜찮다

〈누적 연습 10〉

1. ②, 2. ①

〈누적 연습 11〉

1. 끓기, 넣었다, 2. 끊지, 않았니

〈누적 연습 12〉

1. 끌도록, 2. 끓도록, 3. 닳도록, 4. 않도록,
5. 끓도록, 6. 끊도록

4) 겹받침 비음화

〈누적 연습 1〉

1. ③, 2. ②

〈누적 연습 2〉

1. 없는, 2. 읽니, 3. 읽는, 4. 없는, 5. 터무니없는,
6. 긁는

〈누적 연습 3〉

1. 터무니없는, 2. 어이없는, 3. 틀림없는, 4. 난데없는

〈누적 연습 4〉

1. ③, 2. ④

〈누적 연습 5〉

1. 늙는다, 2. 밟는데, 3. 밟는다, 4. 긁는다,
5. 늙는다, 6. 읽는다

〈누적 연습 6〉

1. 긁는다, 2. 늙는다, 3. 읽는다, 4. 낡는다

〈누적 연습 7〉

1. ③, 2. ②

〈누적 연습 8〉

1. 밟는다, 2. 긁는, 3. 붉니, 4. 굵니, 5. 가엾니, 6. 밝니

〈누적 연습 9〉

1. 붉니, 2. 굵니, 3. 맑니, 4. 밝니

저자 소개

김애화 (Kim, Aehwa)

aehwa@dankook.ac.kr

현재 단국대학교 특수교육과 교수로 재직 중이다. 단국대학교 특수교육과를 졸업하고, 미국 텍사스 주립대학교(University of Texas at Austin)에서 학습장애 전공으로 석사 및 박사 학위를 받았다. 텍사스 읽기 및 쓰기 연구소(Texas Center for Reading and Language Arts Center)에서 전임연구원(Research Associate)으로 일하였으며, SSCI 저널인 *Journal of Learning Disabilities*의 assistant editor를 역임하였고, 현재 *Journal of Learning Disabilities*의 consulting editor로 활동 중이다.

김의정 (Kim, Uijung)

uijungkim@kornu.ac.kr

현재 나사렛대학교 특수교육과 교수로 재직 중이다. 부산대학교 중어중문과를 졸업하고, 미국 텍사스 주립대학교(University of Texas at Austin)에서 특수 일반 및 자폐성 장애 전공으로 석사 및 박사 학위를 받았다. 텍사스 읽기 및 쓰기 연구소(Texas Center for Reading and Language Arts Center)에서 전임연구원(Research Associate)으로 일하였으며, 캘리포니아 주립대학교(California State University, Los Angeles) 특수교육과 조교수로 재직하였다.

학령기 아동을 위한 단어인지 및 철자 프로그램 5
연습 워크북
Word Identification and Spelling Program for School-Age Children

2018년 1월 30일 1판 1쇄 발행
2021년 2월 25일 1판 2쇄 발행

지은이 • 김애화 · 김의정
펴낸이 • 김진환
펴낸곳 • (주) 학지사
04031 서울특별시 마포구 양화로 15길 20 마인드월드빌딩
대표전화 • 02)330-5114 팩스 • 02)324-2345
등록번호 • 제313-2006-000265호

홈페이지 • http://www.hakjisa.co.kr
페이스북 • https://www.facebook.com/hakjisa

ISBN 978-89-997-1465-8 94370
978-89-997-1460-3 (set)

정가 17,000원

저자와의 협약으로 인지는 생략합니다.
파본은 구입처에서 교환해 드립니다.

이 책을 무단으로 전재하거나 복제할 경우 저작권법에 따라 처벌을 받게 됩니다.

이 도서의 국립중앙도서관 출판시도서목록(CIP)은 서지정보유통지원시스템 홈페이지(http://seoji.nl.go.kr)와 국가자료공동목록시스템(http://www.nl.go.kr/kolisnet)에서 이용하실 수 있습니다.
(CIP 제어번호: CIP2017035270)

출판 · 교육 · 미디어기업 학지사

간호보건의학출판 **학지사메디컬** www.hakjisamd.co.kr
심리검사연구소 **인싸이트** www.inpsyt.co.kr
학술논문서비스 **뉴논문** www.newnonmun.com
원격교육연수원 **카운피아** www.counpia.com